Tasty
Katy

DAS GESUNDE WEIHNACHTS KOCHBUCH

Über dieses Buch

Seitdem ich ein kleines Kind war, liebe ich die Advents- und Weihnachtszeit. Für mich ist das die schönste Zeit des Jahres und ich freue mich jedes Jahr aufs Neue darauf. Weihnachtsmusik, Weihnachtsmärkte, Plätzchen backen und gemütliche Abende zu Hause gehören für mich absolut dazu und machen die Zeit so besonders. Ich liebe es, Weihnachtsmusik zu hören, in der Küche zu stehen und Plätzchen zu backen und alles schön weihnachtlich zu dekorieren. Als ich vor vielen Jahren etliche gesundheitliche Beschwerden wie Probleme mit meiner Verdauung, Neurodermitis und ständige Schmerzen hatte, fiel das Plätzchen essen für mich eher weg. Stattdessen habe ich mich mit Nüssen und Rosinen zufriedengegeben. Immer mal wieder habe ich probiert glutenfreie, vegane und zuckerfreie Plätzchen zu kreieren, aber sonderlich lecker hat das nie geschmeckt. Als es mir anfing gesundheitlich besser zu gehen, wurde ich auch in der Küche kreativer und traute mich mehr auszuprobieren.

Seit ich meinen Blog www.tastykaty.de betreibe, merke ich wie viele Menschen sich über meine gesunden Plätzchenrezepte freuen. Sei es aufgrund von Unverträglichkeiten oder Allergien oder weil sie sich einfach bewusst gesund ernähren möchten.

Es ist so schade, wenn man in der Weihnachtszeit das Gefühl hat auf alles verzichten zu müssen. Ich selbst weiß genau, wie sich das anfühlt, weshalb ich unbedingt eine Lösung für dieses Problem finden wollte. So ist die Idee für dieses Buch entstanden: Ein kompaktes Buch voll mit gesunden, verträglichen und leckeren Weihnachtsrezepten, bei denen man keinesfalls das Gefühl hat, dass man auf etwas verzichten muss. Ich wünsche dir eine wundervolle Weihnachtszeit und ganz viel Freude beim Rezepte ausprobieren!

Alles Liebe

Katharina

GESUND DURCH DIE ADVENTSZEIT

So schön die Advents- und Weihnachtszeit auch ist, bedeutet sie für die meisten Menschen ein Überkonsum an Zucker, Alkohol und tierischen Produkten. Das führt oft dazu, dass man sich spätestens im Januar komplett unwohl, mit einer Gewichtszunahme und einer starken Müdigkeit auf der Couch wiederfindet. Dann muss schnell eine Diät oder ein Entgiftungsprogramm her. Diese Herangehensweise finde ich immer sehr schade, da man dem eigenen Körper damit nicht wirklich etwas Gutes tut. Die Advents- und Weihnachtszeit sollte eine Zeit sein, die man voll und ganz genießen kann. Das ist auch mit Gerichten, die sehr viel gesünder und leichter verdaulich sind, möglich. Viele denken, dass eine gesunde Ernährung viel Verzicht mit sich bringt und man sich in der weihnachtlichen Zeit mit Nüssen, Mandarinen und Rosinen zufriedengeben muss. Das muss aber nicht so sein. Anhand dieses Buches sieht man, dass man auf nichts verzichten muss. Du findest in dem Buch Rezepte für Plätzchen, Kuchen, Lebkuchen, weihnachtliche Getränke, herzhafte Gerichte uvm., die alle aus natürlichen und vollwertigen Zutaten bestehen und mit denen man sich richtig gut fühlt. Auch wenn du von Unverträglichkeiten oder Allergien betroffen bist, kann dich das Buch dabei unterstützen die Winterzeit so richtig zu genießen.

Für mich ist diese Ernährungsweise ein Lebensstil, den man langfristig in sein Leben integriert und der Spaß macht. Nur mit Freude und einem Gefühl von Leichtigkeit lassen sich die Dinge langfristig in das Leben aufnehmen.

ZUCKER UND SEINE ALTERNATIVEN

Industrieller Zucker ist heutzutage leider sehr weit verbreitet und im Supermarkt ist es beinahe eine Herausforderung Lebensmittel zu finden, in denen kein industrieller Zucker enthalten ist. Ich habe an meiner eigenen Gesundheit schnell gemerkt, wie viel besser es mir geht, wenn ich auf industriellen Zucker verzichte. Damit man weiterhin leckere und süße Speisen zu sich nehmen kann, macht es Sinn, so viel wie möglich selbst herzustellen. So kann man entscheiden, welches Süßungsmittel und wie viel man davon verwendet. Mit der Zeit wirst du merken, wie sich deine Geschmacksknospen verändern und du spürst gar nicht mehr das große Verlangen nach zu viel Süße in deinen Gerichten.

Industrieller Zucker

Zucker versteckt sich hinter sehr vielen Namen. In erster Linie spreche ich hier von dem zugesetzten Industriezucker und nicht den Lebensmitteln wie Obst und Trockenfrüchten, die von Natur aus Zucker enthalten und süß schmecken. Der Unterschied zwischen industriellem Zucker und beispielsweise einer Dattel ist, dass die Dattel Ballaststoffe und Mineralstoffe enthält, die den Blutzuckerspiegel nicht so schnell steigen lassen und noch dazu die guten Darmbakterien füttern. Um dem Zucker in der Ernährung auf die Spur zu kommen, ist es wichtig sich die Zutatenlisten auf den Verpackungen anzuschauen. Die folgende Liste soll dir dabei helfen:

- Ahornsirup
- Agavendicksaft
- Apfeldicksaft
- Dextrose
- Dicksäfte generell
- Fruchtsaftkonzentrate
- Fruchtzucker
- Fruktose-Glukose-Sirup
- Gerstenmalz
- Gerstenmalzsirup
- Gerstenmalzextrakt
- Glucose
- Glukosesirup
- Honig
- Invertzucker
- Invertzuckersirup
- Karamell
- Karamellsirup
- Kokosblütenzucker
- Kokosblütensirup
- Maltodextrin
- Maltose
- Oligofruktosesirup
- Polydextrose
- Raffinadezucker
- Reissirup
- Rohrzucker
- Saccharose
- Stärkesirup
- Traubensüße
- Traubenzucker
- Vollrohrzucker
- Weizendextrin
- Zuckerrübensirup

Gesunde Alternativen

Neben dem industriellen Zucker gibt es gesündere Alternativen aus der Natur. Wenn man in die Natur schaut, dann findet man hier eine ganze Menge an Lebensmitteln, die einen süßen Geschmack haben und gleichzeitig voller Nährstoffe sind. Mit ein bisschen Übung und dem richtigen Rezept eignen sie sich sehr gut zum Backen und können einem die Advents- und Weihnachtszeit schön versüßen.

DATTELN

Datteln gehören zu meinen Favoriten unter den gesunden Süßungsmitteln. Sie sind nicht nur roh sehr lecker, sondern eignen sich auch wunderbar zum Backen. Sie sind von Natur aus sehr süß und somit perfekt für süße Speisen geeignet. Ihre klebrige Konsistenz hilft dabei, dass ein Teig besser bindet und zusammenhält. Am liebsten verwende ich Medjool Datteln. Das sind recht große Datteln, die man im Bioladen, in türkischen Supermärkten oder auch online kaufen kann. Sie sind super saftig und sehr viel weicher als die kleinen Datteln, die man oft findet. Aber auch kleine getrocknete Datteln eignen sich für die Gerichte im Buch. Sollten sie recht hart sein, dann kannst du sie einfach in heißem Wasser für 15 Minuten einweichen. Datteln sind reich an Ballaststoffen, Kalium, Kalzium, Magnesium und B-Vitaminen.

DATTELZUCKER

Dattelzucker besteht nur aus getrockneten und gemahlenen Datteln. Er ist somit ballaststoffreich und enthält zusätzlich noch einige Nährstoffe. Dadurch ist er auch ein sehr viel gesünderes Süßungsmittel als industrieller Zucker und all die Sirup Varianten, die auf dem Markt angeboten werden. Dattelzucker süßt etwas weniger als der weiße Haushaltszucker, da er einfach nicht so extrem süß ist, was ich jedoch sehr gerne mag. Wenn dir die Menge an Süße nicht ausreicht, kannst du einfach etwas mehr davon verwenden. In der Küche kann der klassische Zucker sehr gut mit Dattelzucker ersetzt werden. Dadurch, dass es sich hier um getrocknete und gemahlene Datteln handelt, löst er sich nicht so gut auf. Er ist dadurch eher zum Backen geeignet und weniger zum Süßen von Getränken. Man kann ihn im Bioladen oder Reformhaus kaufen. Falls du ihn dort nicht findest, kannst du ihn auch online bestellen.

APFELMARK

Apfelmark mag für manche vielleicht ein eher ungewöhnliches Süßungsmittel sein, ich mag es aber sehr gerne. Da Apfelmark nicht so süß wie eine Dattel ist, reicht es alleine oft nicht aus. Es sorgt aber in Teigen für eine luftigere Konsistenz und ist auch ein guter Ei-Esatz. Gerade bei einem Kuchen- oder Plätzchenteig macht es Sinn, einen pflanzlichen Ei-Ersatz zu verwenden. Achte beim Einkaufen darauf, dass du Apfelmark kaufst. Das enthält im Vergleich zum Apfelmus meistens keinen zugesetzten Zucker. Hier ist es immer wichtig, die Zutatenliste zu lesen, um sicherzugehen.

FRISCHES OBST

Frisches Obst kann oft auch sehr gut als Süßungsmittel beim Backen zum Einsatz kommen. Besonders gerne verwende ich hier zerdrückte Bananen oder geriebenen Apfel. Da Obst einen starken Eigengeschmack hat, schmeckt man es im Teig oft heraus. Daher ist es nicht für jedes Gericht geeignet. Man kann sich beim Backen aber immer fragen, ob man vielleicht weniger industriellen Zucker verwenden und den Rest lieber mit einer natürlichen Variante ersetzen kann. Das erfordert manchmal ein wenig Kreativität, aber für die Gesundheit lohnt es sich.

WIE SIEHT ES MIT SÜSSSTOFFEN UND ZUCKERALKOHOLEN AUS?

Oft bekomme ich die Frage gestellt, ob man denn nicht einfach Süßstoffe, wie Maltit oder Zuckeralkohole wie Erythrit zum Backen verwenden kann. Ich persönlich bin kein Fan davon. Seitdem das Wort „zuckerfrei" weit verbreitet ist und immer mehr Aufmerksamkeit gewinnt, findet man immer mehr Produkte und Rezepte, in denen Süßstoffe und Zuckeralkohole verwendet werden. Das klingt erstmal interessant, weil sie kaum Kalorien haben und den Blutzuckerspiegel nicht ansteigen lassen. Das Problem ist jedoch, dass Süßstoffe die Darmflora negativ beeinflussen können und Zuckeralkohole im Übermaß zu Durchfall und Blähungen führen können. Das alleine ist für mich ein Zeichen, dass es wohl kaum eine gesunde Alternative ist. Viel lieber werfe ich hier einen Blick in die Natur und schaue, was sie bereithält. Das Tolle an Trockenfrüchten, Obst und Co. ist, dass sie nicht nur süßen, sondern auch noch Ballaststoffe und Nährstoffe enthalten. Somit stellen sie für den Körper keine leeren Kalorien dar.

VOLLWERTIGE & NATÜRLICHE ZUTATEN

Mehle

Ich verwende schon seit vielen Jahren kein typisches Weißmehl mehr. Da ich Gluten nicht so gut vertrage, greife ich vor allem auf glutenfreie Mehlalternativen zurück. Wer Gluten gut verträgt, kann die verschiedenen Mehle in den Rezepten auch einfach mit Dinkelmehl ersetzen. Auch wenn es zu Beginn eine Umstellung war, vermisse ich mittlerweile Lebensmittel wie Weißmehl überhaupt nicht mehr. Vor allem habe ich gespürt, wie viel besser es meinem Körper mit einer vollwertigen und glutenfreien Ernährung geht. Das Tolle ist, dass alternative Mehle immer mehr verbreitet sind und man sie nicht nur im Reformhaus, sondern auch in vielen Supermärkten findet.

BUCHWEIZENMEHL

Buchweizen ist ein glutenfreies Getreide und zählt zu den sogenannten Pseudogetreiden. Es ist reich an Mineralstoffen wie Magnesium, Kalcium, Kalium und Eisen. Im Vergleich zu vielen anderen Getreidesorten enthält es recht viele pflanzliche Proteine. Buchweizen hat einen recht eigenen Geschmack, weshalb man sich zu Beginn vielleicht erstmal daran gewöhnen muss. Als Mehl kann man es aber sehr vielfältig zum Backen einsetzen. Sollte dir der Geschmack zu stark sein, kannst du das Buchweizenmehl reduzieren und stattdessen noch Hafermehl dazugeben.

REISMEHL

Reismehl ist ein sehr geschmacksneutrales Mehl. Ich verwende hier am liebsten die Vollkornvariante, da sie reicher an Mineralstoffen wie Kalcium und Zink ist. Gerade wenn es darum geht einen Plätzchenteig auszurollen, nehme ich hierfür gerne Reismehl zum Bestäuben der Arbeitsfläche.

HAFERFLOCKEN/HAFERMEHL

Es lohnt sich immer Haferflocken zu Hause zu haben, da man aus ihnen so viel machen kann. Ich verwende sie nicht nur für meinen morgendlichen Porridge, sondern auch zum Backen. In einem Mixer mahle ich sie zu gemahlenen Haferflocken, die ich dann wie Hafermehl verwenden kann. Hafermehl kann man auch fertig kaufen. Es ist um einiges feiner als gemahlene Haferflocken, sodass es für einen Teig noch besser geeignet ist. Es funktioniert aber beides. Haferflocken sind von Natur aus glutenfrei. Da sie aber in den gleichen Maschinen wie glutenhaltiges Getreide verarbeitet werden, können sie Spuren von Gluten enthalten. Solange man keine Zöliakie hat, ist das in der Regel kein Problem. Bei einer Zöliakie sollten jedoch ausschließlich glutenfreie Haferflocken und glutenfreies Hafermehl konsumiert werden.

Binde- & Backtriebmittel

LEINSAMEN, CHIASAMEN & FLOHSAMENSCHALEN

Leinsamen, Chiasamen und Flohsamenschalen sollte man sich beim veganen und glutenfreien Backen auf jeden Fall merken. Denn wir brauchen ein Bindemittel, das den Teig zusammenhält und nicht auseinanderfallen lässt. Dafür sind diese Samen besonders gut geeignet. Flohsamenschalen binden und quellen am meisten. Ich verwende sie beim Backen am allerliebsten, da sie dem Teig auch eine gewisse Fluffigkeit verleihen. Leinsamen und Chiasamen enthalten nicht nur Ballaststoffe, sondern sind auch reich an Omega-3-Fettsäuren. Am besten vermengt man sie mit etwas Wasser und lässt sie kurz ruhen, bevor man sie in den Teig gibt, sodass sie schön quellen können.

APFELMARK

Apfelmark ist nicht nur ein tolles Süßungsmittel, sondern auch ein sehr gutes Bindemittel und somit ein guter Ei-Ersatz. Der Geschmack von Apfelmark geht beim Backen verloren, weshalb der Teig nicht zu sehr nach Apfel schmeckt. Apfelmark gibt ihm eine gewisse Feuchtigkeit, was der Trockenheit eines glutenfreien Teiges vorbeugt.

MAIS- UND KARTOFFELSTÄRKE

Stärke ist ein sehr gutes Bindemittel. Beide Stärken sind geschmacksneutral und können beim Backen und Kochen gut eingesetzt werden. Wenn du sie für einen Teig verwendest, dann achte darauf, dass du nicht zu viel davon nimmst, da das den Teig sonst zu sehr austrocknet. 1-2 EL sind hier meistens gut geeignet und ausreichend.

AGAR AGAR

Die pflanzliche Alternative zu Gelatine ist Agar Agar. Es handelt sich hierbei um ein natürliches Geliermittel, das einen neutralen Geschmack hat. Es wird aus getrockneten Algen gewonnen und kann wunderbar zum Gelieren von einem Tortenguss, einem Gelee oder auch als Verdickungsmittel eingesetzt werden. Man braucht oft nicht mehr als 1 TL, da es beim Abkühlen relativ stark geliert.

BACKPULVER

Backpulver sorgt dafür, dass ein Gebäck aufgeht. Glutenfreie Gebäcke gehen aufgrund des fehlenden Klebereiweißes grundsätzlich nicht so stark auf wie glutenhaltige Speisen. Achte beim Kauf immer darauf, dass du Bio-Backpulver verwendest. Herkömmliches Backpulver enthält oft zugesetzte Phosphate, die als Säuerungsmittel dienen. Ich verwende am liebsten Weinstein-Backpulver, da es meistens glutenfrei ist und Natron enthält, was es geschmacksneutral macht.

Nüsse & Saaten

Nüsse dürfen in der Weihnachtsbäckerei auf keinen Fall fehlen. Sie enthalten eine Menge guter Fette, sind reich an Nährstoffen und man kann sie sehr vielfältig einsetzen. Daher sind sie in den Rezepten auch reichhaltig vertreten. Solltest du beispielsweise Haselnüsse nicht vertragen, dann kannst du sie einfach mit Mandeln ersetzen. Verträgst du gar keine Nüsse, kannst du stattdessen Saaten wie Sonnenblumenkerne oder auch gemahlene Haferflocken verwenden.

KOKOSRASPELN

Kokosraspeln sind die Raspeln aus der frischen und getrockneten Kokosnuss. Ich verwende sie beim Backen gerne, um dem Gericht einen extra Kokosgeschmack zu geben oder zur Dekoration. Ein bisschen Kokosraspeln darüber gestreut und schon sieht ein Kuchen etwas hübscher aus. In der Weihnachtsküche findest du sie vor allem in den Kokosmakronen.

MANDELN

Mandeln verwende ich in meinen Rezepten besonders gerne, vor allem in gemahlener Form. Hier sind sie auch ein guter Mehlersatz und tragen dazu bei, dass der Teig nicht zu trocken wird. Gerade beim glutenfreien Backen kann ein Teig schnell mal trocken sein, da das Klebereiweiß aus dem Gluten fehlt. Mandeln sind sehr nährstoffreich und haben keinen allzu starken Eigengeschmack, weshalb sie sich zum Backen sehr gut eignen.

MANDELMILCH

Mandelmilch gehört zu meinen liebsten Milchalternativen. Nussmilch ist im Vergleich zu Hafermilch cremiger, sodass sie sehr gut zum Kochen und Backen geeignet ist. Auch als Grundlage für eine heiße Schokolade oder eine Gewürzmilch ist sie sehr lecker. Der Geschmack von ungesüßter Mandelmilch ist relativ neutral, sodass man sie sowohl in herzhaften als auch in süßen Gerichten verwenden kann.

HASELNÜSSE

Haselnüsse mag ich aufgrund ihres Geschmacks besonders gerne. Sie erinnern mich immer an Nuss Nougat. In der Kombination mit Kakaopulver sind sie besonders gut. Im Vergleich zu anderen Nüssen sind sie recht reich an Vitamin E, was die Haut strahlen lässt.

CASHEWKERNE

Cashewkerne sind sehr reich an Magnesium und Phosphor, was besonders wichtig für Nerven, Muskeln, Zähne und Knochen ist. Im Vergleich zu den anderen Nüssen sind Cashewkerne ein wenig fettärmer. Sie eignen sich super für Soßen und Toppings, da sie gemixt für eine richtig schön cremige Konsistenz sorgen.

MARONEN

Maronen dürfen im Winter definitiv nicht fehlen. Sie haben einen nussigen und süßlichen Geschmack. Man kann sie in süßen Speisen und auch in herzhaften Gerichten verwenden. Maronen enthalten eine Menge an B-Vitaminen, die die Nerven stärken und auch die Bildung des Glückshormons Serotonin fördern. Neben den B-Vitaminen sind sie auch reich an Kalium, Kupfer, Kalcium und Magnesium. Außerdem enthalten sie wertvolles Eiweiß.

Buttterersatz & gute Fette

KOKOSÖL

Kokosöl eignet sich beim Backen wunderbar als Butterersatz. Das Öl hat einen sehr hohen Rauchpunkt und kann im Vergleich zu vielen anderen Ölen gut erhitzt werden. Wenn du den Kokosgeschmack nicht so gerne magst, dann achte beim Kauf auf geschmacksneutrales Kokosöl. Im Teig schmeckt man es jedoch kaum. Beim Kochen wird der Kokosgeschmack eher etwas deutlicher.

NUSSMUS

Es gibt die verschiedensten Sorten Nussmus, die alle super lecker sind. Zum Backen verwende ich am häufigsten Mandel- und Cashewmus. Man kann es selbst herstellen oder auch im Bioladen kaufen. Für Soßen oder für eine Creme ist das Cashewmus besonders gut geeignet. Für einen Teig oder auch für andere süße Speisen verwende ich gerne das dunkle Mandelmus. Das helle Mandelmus besteht aus bereits geschälten Mandeln, das dunkle Mandelmus aus ungeschälten Mandeln. Ich bevorzuge das dunkle Mandelmus, da es vollwertiger und nicht ganz so süß schmeckt.

KAKAOBUTTER

Kakaobutter ist ein blassgelbes pflanzliches Fett, das aus den Samen des Kakaobaumes gewonnen wird. Sowohl im Kosmetikbereich als auch in der Küche kommt sie zum Einsatz. Sie sorgt dafür, dass eine Schokolade oder auch Nougat schön cremig schmelzen und schmeckt nach Kakao, weshalb man aus ihr eine leckere selbstgemachte Schokolade oder auch einen Guss für Plätzchen herstellen kann. Da ihr Rauchpunkt erst bei 200 Grad liegt, kann sie hoch erhitzt und sogar zum Anbraten verwendet werden.

Schokolade & Kakaopulver

SCHOKOLADE

Bei einer zuckerfreien Ernährung kommt schnell der Gedanke auf, dass man nie wieder Schokolade essen kann. Das muss aber nicht so sein, da es mittlerweile Schokolade zu kaufen gibt, die entweder keinen Zucker enthält oder natürlich gesüßt ist. Je höher der Kakaoanteil ist, desto weniger Zucker enthält die Schokolade. Ich verwende gerne eine Schokolade mit mindestens 90% Kakaoanteil.

KAKAOPULVER

Für meine Rezepte verwende ich am liebsten das schwach entölte Backkakaopulver. Das findet man in so ziemlich jedem Supermarkt. Achte beim Kauf auf die Zutatenliste und dass kein Zucker zugesetzt wurde ist. Kakaopulver kann ein richtiges Superfood sein, da es reich an Antioxidantien und Mineralien wie Magnesium und Eisen ist.

Gewürze

Gewürze machen die Advents- und Weihnachtsbäckerei erst so besonders. Den Geruch von Nelken, Zimt und Sternanis verbinden wir direkt mit Weihnachten, Glühwein und Lebkuchen. Daher dürfen sie bei den Rezepten definitiv nicht fehlen. Das Tolle ist, dass Gewürze auch alle gesundheitlichen Vorteile mit sich bringen, da jedes Gewürz eine bestimmte Wirkung hat. Daher sind sie unter anderem im Ayurveda sehr beliebt und werden dort auch bei bestimmten Beschwerden empfohlen. Viele Gewürze wirken sich positiv auf die Verdauung aus. Deshalb lohnt es sich im Winter mehr Gewürze zu integrieren, da hier meistens etwas schwerer gegessen wird.

ZIMT

Der Zimt ist ein beliebtes Gewürz, das in der Winterküche definitiv nicht fehlen darf. Er hat eine blutzuckerregulierende Wirkung, fördert den Appetit und regt die Verdauung an. Das führt dazu, dass er dabei unterstützend ein Völlegefühl vorbeugt. Er ist ein fester Bestandteil der Weihnachtsbäckerei und kommt in den meisten weihnachtlichen Rezepten vor. Der typische Geschmack und Geruch von Zimt entsteht durch seine ätherischen Öle, die reichlich in ihm enthalten sind. Ich empfehle immer Ceylon-Zimt zu verwenden, da dieser, im Vergleich zum Cassia-Zimt, sehr viel hochwertiger ist.

KARDAMOM

Der Kardamom gehört zur Familie der Ingwergewächse und hat eine leicht entschleimende Wirkung. Im Winter werden häufig viele Lebensmittel gegessen, die eine eher verschleimende Wirkung haben. Dazu gehören Milchprodukte, Fleisch und industrieller Zucker. Wichtig ist dem entgegenzuwirken, sodass es nicht zu Verschleimungsproblematiken im Körper kommt. Hier können Gewürze wie Kardamom gut unterstützen. Er hat durch seine ätherischen Öle eine magenstabilisierende Wirkung, weshalb man ihn bei einem sensiblen Magen gut einsetzen kann. Zwei klassische weihnachtliche Rezepte mit Kardamom sind Pfeffernüsse und Spekulatius.

INGWER

Ingwer ist ein absoluter Allrounder. Man kann sowohl die frische Wurzel als auch das getrocknete und gemahlene Ingwerpulver verwenden. Er hat eine entzündungshemmende, antibakterielle und krampflösende Wirkung. Ich empfehle immer gerne eine Tasse Ingwertee zu trinken, wenn man an den Festtagen zu viel oder zu schwer gegessen hat. Dafür einfach ein Stück Ingwer klein schneiden, mit heißem Wasser übergießen und für 15 Minuten ziehen lassen. Bei einem Völlegefühl kann es auch helfen ein Stück Ingwer pur zu kauen. Das regt die Verdauung an. Durch seine Schärfe hat er eine wärmende Wirkung, was perfekt für kalte Wintertage ist.

MUSKAT

Ein Gericht enthält durch eine Prise Muskat eine winterliche Note. Er lässt sich gut bei herzhaften und süßen Gerichten einsetzen und hat einen leicht nussigen Geschmack. Die Bezeichnung Muskatnuss ist streng genommen falsch, da es sich bei Muskat um den Kern einer Frucht handelt. Am besten verwendet man ganze Muskatkerne, die man in einer Muskatreibe frisch reibt. So bleibt das Aroma sehr viel besser erhalten. Bei bereits fertig gekauftem geriebenem Muskat verfliegt das Aroma sehr schnell.

NELKEN

Der wohl bekannteste weihnachtliche Duft ist die Kombination aus Nelken und Orangenschale. Als Kind habe ich immer reichlich Orangen mit Nelken verziert. Überall roch es dann herrlich weihnachtlich. Gewürznelken sind getrocknete Blütenknospen, die vor der Blüte mit der Hand geerntet und getrocknet werden. Nelken sind zwar sehr klein, sie haben aber ein kräftiges Aroma, sodass bereits ein paar wenige Nelken ausreichen, um einem Gericht oder einem Getränk den nötigen Geschmack zu verleihen. Sie haben außerdem eine leicht schmerzlindernde Wirkung und können bei leichten Kopf- oder Zahnschmerzen eingesetzt werden.

STERNANIS

Sternanis finde ich persönlich ein unglaublich hübsches Gewürz. Weil er so schön aussieht wird er auch gerne zur Deko verwendet. In der Küche darf er zur Adventszeit aber auch nicht fehlen. Für den weihnachtlichen Geschmack sorgt das ätherische Öl Anethol, das in Sternanis enthalten ist. Er schmeckt ein bisschen nach Lakritz, hat einen leicht süßlichen, würzigen und scharfen Geschmack. Aufgrund seiner schleimlösenden Wirkung ist er auch oft Bestandteil von Hustensäften.

Einkaufsliste für die Weihnachtsbäckerei

- ◯ Apfelmark
- ◯ Hafermilch
- ◯ Mandelmilch
- ◯ Buchweizenmehl
- ◯ Reismehl
- ◯ Haferflocken/Hafermehl
- ◯ Kokosraspeln
- ◯ Leinsamen
- ◯ Chiasamen
- ◯ Flohsamenschalen
- ◯ Mandeln (ganz und gemahlen)
- ◯ Mandelmilch
- ◯ Haselnüsse
- ◯ Cashewkerne
- ◯ Mandelmus
- ◯ Cashewmus
- ◯ Maronen
- ◯ Kokosöl
- ◯ Datteln
- ◯ Dattelzucker
- ◯ Rosinen
- ◯ getrocknete Aprikosen
- ◯ getrocknete Feigen
- ◯ Kokosöl
- ◯ Agar Agar
- ◯ Backpulver
- ◯ Kakaopulver
- ◯ Kakaobutter
- ◯ Schokolade
- ◯ Orangen
- ◯ Zitronen

Küchengeräte

RÜHRGERÄT

Für einen Großteil meiner Rezepte braucht man kein Rührgerät, da man das Meiste mit der Hand oder einem Löffel zu einem Teig verarbeiten kann. Gerade bei Kuchenteigen macht ein Rührgerät aber Sinn, da der Teig so geschmeidiger und alles gut miteinander vermengt wird.

KÜCHENMASCHINE / FOOD PROCESSOR

Das wichtigste Gerät ist für mich meine Küchenmaschine, da diese so viele Abläufe vereinfacht. Sie ist aus meiner Küche mittlerweile nicht mehr wegzudenken. Im Vergleich zum Hochleistungsmixer kann sie vor allem trockene Zutaten gut zerkleinern. Ich verwende sie beispielsweise für Energiebällchen, für Hummus, zum Herstellen von Teig und zum Mixen von Datteln. Eine gute Küchenmaschine ist etwas hochpreisiger, aber man hat auch wirklich lange etwas davon und es lohnt sich vor allem, wenn man viel mit Nüssen und Trockenfrüchten arbeitet.

LEISTUNGSSTARKER MIXER

Ein leistungsstarker Mixer ist perfekt für Smoothies, Soßen und Cremes. Hier lohnt es sich in einen wirklich guten und starken Mixer zu investieren, da das Endresultat dann einfach besser wird. Ein schwacher Mixer bekommt viele Lebensmittel einfach nicht richtig klein, sodass in einem Smoothie oder in einer Creme am Ende immer Stücke übrig bleiben. Ein Hochleistungsmixer sollte auf 20.000 Umdrehungen pro Minute kommen. Beim Kauf solltest du außerdem darauf achten, dass er über mindestens 1.000 Watt Leistung verfügt. Sonst ist er einfach nicht stark genug.

WEIHNACHTSZEIT OHNE VERDAUUNGSBESCHWERDEN

Ich weiß, dass mein Buch vor allem ein Rezeptbuch sein soll. Aufgrund meiner eigenen Geschichte ist es mir aber ein Anliegen auch über das Thema Verdauung zu sprechen. Besonders die Weihnachtszeit und die Feiertage können verdauungstechnisch für viele ziemlich taff sein. Vor allem für diejenigen, die Probleme mit einem Reizdarm haben oder generell zu einer sensiblen Verdauung neigen, die schnell mal aus dem Gleichgewicht kommen kann. Ich würde behaupten, dass diese Zeit im Jahr so ziemlich die am wenigsten darmfreundliche Zeit überhaupt ist. Es wird zu viel, zu schwer, zu süß, zu spät und zu fettig gegessen. Das alles kann schnell zu Verdauungsbeschwerden führen. Dazu kommt, dass es in der Zeit vor Weihnachten oft unglaublich viel zu tun gibt und sich viele sehr gestresst fühlen.

Auch wenn ich jetzt beschwerdefrei bin, muss ich immer noch sehr auf meinen Darm aufpassen und kann nicht wild alles in riesen Mengen durcheinanderessen. Daher teile ich mit euch meine besten Tipps, um beschwerdefrei durch diese eigentlich sehr schöne Zeit zu kommen.

Meine 5 Tipps

★ 1. ISS REGELMÄSSIG

Die Advents- und Weihnachtszeit ist die Zeit, in der am Abend oft Veranstaltungen oder Esseneinladungen stattfinden, bei denen zu einer recht späten Uhrzeit sehr viel gegessen wird. Dadurch denkt man oft, dass man dann einfach den Tag über kaum etwas isst, um sich den Hunger für den Abend aufzuheben. Genau das ist nicht gerade das Beste für die Verdauung, da man sich so schnell überisst. Im Ayurveda würde man sagen, dass so das Agni (Verdauungsfeuer) geschwächt wird. Man fühlt sich danach oft sehr aufgebläht und voll, sodass man nur schwer den Abend genießen kann. Lieber regelmäßige Mahlzeiten zu sich nehmen (Frühstück, Mittagessen, Abendessen), um den Magen nicht zu sehr zu überfüllen.

★ 2. GESUNDE UND SELBSTGEMACHTE SNACKS/ GERICHTE MITNEHMEN

Viele verreisen über die Feiertage oder haben eine lange Strecke zur Familie hinter sich zu bringen. Das bedeutet oft, dass man auf fremdes Essen angewiesen ist. Wenn man sich allerdings ein paar selbstgemachte Snacks mitnimmt, weiß man was darin enthalten ist und man reizt Magen und Darm nicht unnötig mit zuckrigen und industriell gefertigten Speisen.

★ 3. GENÜGEND TRINKEN

Vor lauter Essen wird das Trinken manchmal fast vergessen. Vor allem das Trinken von Wasser! Nimm dir überall eine kleine Wasserflasche mit und achte darauf, bereits am Morgen nach dem Aufstehen zwei Tassen warmes Wasser zu trinken. Solltest du dich zwischendurch einmal sehr aufgebläht fühlen, kannst du dir einfach ein warmes Ingwerwasser machen. Schneide dafür ein Stück frischen Ingwer klein, übergieße ihn mit Wasser und lass ihn dann für 15 Minuten stehen. Trinke das warme Ingwerwasser dann schluckweise.

★ 4. BEWEGE DICH

Gerade das viele Sitzen führt oft zu einem aufgeblähten Bauch. Deswegen ist es umso wichtiger, sich auch in dieser Zeit genügend zu bewegen. Steh morgens etwas früher auf und geh eine Runde spazieren, geh Joggen oder mach Yoga. So kommt deine Verdauung in Schwung und du wirst dich über den Tag hinweg besser fühlen.

★ 5. GUT KAUEN

Ich kann es nicht oft genug sagen. Damit wir das Essen richtig verdauen und die Nährstoffe richtig aufgenommen werden können, ist es unglaublich wichtig richtig gut zu kauen (ca. 30-mal pro Bissen bei fester Nahrung). Beim Essen mit Familie und Freunden hat man meistens mehr als genug Zeit, so lohnt es sich auch das Essen richtig gut zu kauen. Im Speichel sind bereits Enzyme (vor allem Amylase) enthalten, die die Kohlenhydrate aufspalten. Man fühlt sich danach sehr viel leichter und das Essen kann besser verdaut werden.

★ 6. GEWÜRZE VERWENDEN

Gewürze können dem Essen nicht nur einen leckeren Geschmack verleihen, sie sind auch noch sehr gesund und eine wahre Wohltat für unseren Körper. Kurkuma hat z.B. eine sehr entzündungshemmende Wirkung, Kreuzkümmel macht schwer verdauliche Speisen bekömmlicher und wirkt gegen Blähungen, Zimt kann dabei helfen den Cholesterinspiegel zu senken und Rosmarin wirkt antibakteriell und krampflösend. Versuche einfach ein paar Gewürze beim Kochen zu integrieren. Darüber freut sich nicht nur dein Körper, sondern auch dein Gaumen, da man durch verschiedene Gewürze ein ganz neues Geschmackserlebnis kreieren kann. Gleichzeitig kann man dadurch auch an Salz sparen.

BASICS

In diesem Kapitel findest du einige weihnachtliche Basic-Rezepte, wie beispielsweise eine selbstgemachte Lebkuchengewürzmischung, Pfannkuchen und viele mehr. Einige davon eignen sich auch ideal als Geschenk. Es ist immer schön an Weihnachten auch etwas Selbstgemachtes zu verschenken. Über eine Packung selbstgemachtes Weihnachtsmüsli freut sich so ziemlich jeder!

Lebkuchengewürz

Wenn es eine Gewürzmischung gibt, die mein absoluter Favorit ist, dann ist es die Lebkuchengewürzmischung. Die Gewürze erinnern sofort an Weihnachten, Plätzchen, Lebkuchen und Weihnachtsmarkt. Du wirst schnell merken, dass die Lebkuchengewürzmischung in meinen Weihnachtsrezepten häufig vorkommt, weil sie vielen Gerichten einen schönen weihnachtlichen Geschmack verleiht. Man kann sie kaufen, aber auch wunderbar ganz einfach selbst herstellen.

Zubereitung

1. Vermenge alle Zutaten miteinander. **2.** Gib sie in ein Gläschen und lagere es kühl und trocken.

Zutaten (für ein kleines Glas)

2 TL Zimt
½ TL Kardamom
2 TL Ingwer
½ TL Muskat
1 TL gemahlene Nelken
½ TL Anis
optional: 1 TL getrocknete und geriebene Orangenschale

Selbstgemachte Schokolade

Vegane Schokolade selbst herzustellen und das auch noch ohne Industriezucker war zu Beginn eine echte Herausforderung. Da ich selbst gerne Schokolade esse, habe ich sie immer mal wieder versucht selbst zu machen. Ich wollte aber nicht nur eine vegane Schokolade entwickeln, sondern auch noch eine, die keinen Industriezucker oder Sirup Varianten enthält, was gar nicht so einfach war. Es sollte auch keine Schokolade sein, die allzu bitter ist. Dieses Schokoladenrezept ist wirklich einfach, sehr lecker und besteht aus lauter natürlichen Zutaten.

Zutaten (für 2 Tafeln Schokolade)

50 g Kakaobutter
2 EL Kakaopulver
1 EL Cashewmus
2 ½ EL Dattelzucker

Zubereitung

1. Gib die Kakaobutter in einen Topf und schmelze sie bei geringer Hitze. **2.** Rühre mit einem Schneebesen das Cashewmus unter. Gib dann das Kakaopulver dazu. **3.** Rühre den Dattelzucker unter. Verrühre alles zu einer flüssigen Schokolade. Wichtig ist, dass die Schokolade nicht anfängt zu kochen, sondern nur warm wird. **4.** Lege eine Auflaufform (20x20 cm) oder Kastenform mit Backpapier aus und gieße die flüssige Schokolade hinein.

Tipp: Stelle sie in den Kühlschrank oder für eine kurze Zeit in das Gefrierfach, sodass sie fest wird. Danach kannst du sie in Stücke schneiden. Lagere sie anschließend im Kühlschrank.

Weihnachtsporridge

Porridge ist ein schönes warmes Frühstück, was nicht nur lecker schmeckt, sondern auch sehr bekömmlich ist. Im Ayurveda wird empfohlen, morgens warm zu frühstücken, um die Verdauung zu stärken und dem Körper die nötige Energie zu geben. Das Tolle am Porridge ist, dass man ihn ganz vielfältig zubereiten kann, sodass er jedes Mal anders schmeckt. Hier teile ich mit dir meine weihnachtliche Porridge-Version.

Zutaten (für eine Portion)

40 g Haferflocken
½ Apfel
½ Orange
1 TL Kokosöl
150 ml Mandelmilch
½ TL Lebkuchengewürz
⅓ TL Zimt
10 g Pecannüsse

Zubereitung

1. Rasple die Schale von der Orange fein ab und lege sie beiseite. **2.** Schäle die Orange und schneide sie in kleine Stücke. Schneide den Apfel in kleine Stücke. **3.** Erwärme das Kokosöl in einem Topf, brate das Obst darin kurz an und gib den Zimt darüber. Brate alles für 4 Minuten weiter. **4.** Gib für den Porridge die Haferflocken, die Mandelmilch, das Lebkuchengewürz und die Orangenschale in einen Topf. Bringe alles zum Kochen und lass den Porridge bei geringer Hitze für 3 Minuten weiter köcheln. Sollte er zu dickflüssig werden, kannst du noch mehr Mandelmilch oder Wasser dazugeben. **5.** Fülle den Porridge in eine Schüssel, verteile das warme Obst darüber und toppe alles mit den Pecannüssen.

Spekulatiuscreme

Diese Spekulatiuscreme ist ein toller weihnachtlicher Brotaufstrich, ein leckeres Topping für Porridge oder auch für Apfelspalten ein toller Dip. Die Basis der Creme besteht aus Cashewmus, was ihr die geschmeidige Konsistenz verleiht. Gesüßt wird die Creme mit Datteln.

Zutaten (für ein kleines Glas)

130 g Cashewmus
60 g Datteln
30 ml Mandelmilch
1 TL Lebkuchengewürz
½ TL Zimt
1 Prise Salz

Zubereitung

1. Entsteine die Datteln. **2.** Weiche die Datteln für 15 Minuten in heißem Wasser ein. **3.** Gieße das Wasser ab und gib alle Zutaten in einen leistungsstarken Mixer oder eine Küchenmaschine. Vermenge alles zu einer Creme.

Tipp: Wenn du keinen leistungsstarken Mixer hast, kannst du die weichen Datteln mit etwas Wasser pürieren und alle Zutaten miteinander verrühren.

Pannacotta

Ein leckeres Dessert darf an Weihnachten natürlich nicht fehlen. Dieses Rezept ist genau richtig dafür. Es besteht aus lauter natürlichen Zutaten und wird natürlich gesüßt. Dazu kann man wunderbar ein paar Plätzchen essen. Aber nicht nur zur Weihnachtszeit schmeckt das Dessert gut. Man kann es natürlich auch außerhalb dieser Zeit zubereiten. Gerade im Sommer, wenn Himbeeren Saison haben, ist es ideal. Es lässt sich sehr gut vorbereiten. An Weihnachten ist es bekanntlich oft ein wenig stressig. So kann man das Dessert bereits einen Tag vorher oder am Morgen vorbereiten und im Kühlschrank lagern.

Zutaten (für 4 Personen)

500 ml Mandelmilch
2 EL Cashewmus
2 EL Dattelzucker
1 TL Agar Agar
½ TL Vanille

Für die Beerensoße

250 g Himbeeren
2 Medjool Datteln oder
4 normale Datteln
5 EL Wasser
1 Prise Zimt

Zubereitung

1. Gib alle Zutaten für die Pannacotta in eine Schüssel. **2.** Bring alles zum Kochen und lass sie unter Rühren für ca. 3 Minuten köcheln. Fülle die Creme in Gläser. Stell sie für ca. 1 Stunde in den Kühlschrank. Erst dann wird die Creme fester. **3.** Entsteine die Datteln und schneide sie in kleine Stücke. Gib alle Zutaten für die Beerensoße in einen Topf und lass alles für ca. 5 Minuten köcheln. **4.** Püriere alles zu einer Soße und gieße sie über die Pannacotta. **5.** Serviere das Dessert direkt oder stell die Gläser zurück in den Kühlschrank.

Weihnachtsmüsli

Seit einigen Jahren verschenke ich an Weihnachten oder auch an Geburtstagen immer gerne ein Glas selbstgemachtes Müsli. Es eignet sich sehr schön als Geschenk, was so ziemlich jeder mag. Fertig gekauftes Müsli ist meistens voller Zucker und somit eine richtige Zuckerfalle. Müsli kann man auch ganz einfach selbst herstellen. Zusammen mit Mandelmilch und frischem Obst ist es ein leckeres und nährendes Frühstück.

Zubereitung

1. Heize den Ofen auf 175 Grad Ober- und Unterhitze vor. **2.** Gib das Kokosöl ein einen Topf und lass es schmelzen. **3.** Vermenge alle Zutaten bis auf die Datteln und die Rosinen in einer Schüssel miteinander und verteile sie dann auf einem mit Backpapier belegten Backblech. **4.** Backe das Müsli für 15 Minuten im Ofen. Nimm das Blech dann kurz heraus und vermische das Granola mit einem Kochlöffel, sodass alle Seiten leicht braun werden. Schiebe es dann für weitere 7 Minuten zurück in den Ofen. **5.** Hebe die Datteln und Rosinen unter und lass das Müsli auskühlen. Danach kannst du es in ein großes Glas oder in eine Dose füllen.

Zutaten (für ein großes Glas)

200 g Haferflocken
100 g Mandeln
100 g Pecannüsse
80 g Walnüsse
1 EL Apfelmus
2 TL Lebkuchengewürz
2 EL Kokosöl
5 entsteinte Datteln
4 EL Rosinen

Weihnachtliche Pfannkuchen

Die Pfannkuchen sind ideal für ein gemütliches Weihnachtsfrühstück mit der Familie. Man benötigt dafür nur ein paar Zutaten und etwas Geduld, um die Pfannkuchen zuzubereiten. Ich esse sie besonders gerne mit Apfelmus, Kokosjoghurt und etwas Nussmus. Zusammen mit einer Gewürzmilch oder einer heißen Schokolade ist das Weihnachtsfrühstück absolut perfekt.

Zutaten (für 5 kleine Pfannkuchen)

100 g Hafermehl oder gemahlene Haferflocken
200 ml Hafermilch
1 Banane
1 TL Lebkuchengewürz
1 TL Backpulver
1 Prise Salz
Kokosöl zum Ausbacken

Zubereitung

1. Schäle die Banane und zerdrücke sie mit einer Gabel auf einem Teller.
2. Gib dann alle Zutaten in eine Schüssel und verrühre sie miteinander.
3. Gib jeweils ½ TL Kokosöl in eine Pfanne und erwärme es. Füge dann für einen Pfannkuchen ca. 2 EL von dem Teig hinzu und backe die Pfannkuchen von beiden Seiten aus. Fahre so mit dem restlichen Teig fort.

PLÄTZCHEN

In diesem Kapitel findest du meine besten Plätzchenrezepte, die dir die Advents- und Weihnachtszeit versüßen werden. Bei manchen Plätzchen kann man kaum glauben, dass sie vegan, glutenfrei und ohne industriellen Zucker sind, weil sie so lecker schmecken. Alle Plätzchen bestehen aus natürlichen Zutaten und sind wirklich einfach zuzubereiten. Ich hoffe, dass du sie genauso lieben wirst wie ich.

Spitzbuben

Das Beste an den Spitzbuben ist die Marmeladenfüllung. Man kann sie sehr gut ohne industriellen Zucker zubereiten, sodass sie nicht zu süß werden. Plätzchen mit Marmelade gefüllt mochte ich bereits früher sehr gerne. Sie sind zwar etwas aufwendiger, aber auch etwas Besonderes. Normalerweise wird am Ende noch Puderzucker darüber gestreut. Wenn du darauf nicht verzichten möchtest, kannst du das natürlich machen. Da ich aber auf industriellen Zucker verzichte, esse ich meine Plätzchen ohne Puderzucker.

Zutaten (für ca. 20 Stück)

250 g Hafermehl oder gemahlene Haferflocken
80 g gemahlene Mandeln
70 g Dattelzucker
100 g Kokosöl
1 Prise Vanille
1 TL geriebene Zitronenschale
2 EL Mandelmilch

Für die Marmelade

200 g Himbeeren oder gemischte Beeren
2 EL Chiasamen

Zubereitung

1. Gib die Beeren in eine Schüssel und püriere sie. Hebe die Chiasamen unter und lass sie für 30 Minuten ruhen. Rühre sie dabei immer wieder um. **2.** Heize den Ofen auf 175 Grad Ober- und Unterhitze vor. **3.** Schmelze das Kokosöl in einem Topf. **4.** Gib alle Zutaten für den Teig in eine Schüssel und verknete alles miteinander. **5.** Rolle auf einer bemehlten Arbeitsfläche den Teig aus und steche mit einem Ausstecher runde Kekse oder Herzen aus. Lege diese auf ein mit Backpapier belegtes Backblech. **6.** Backe die Kekse für 10 Minuten im Ofen und lass sie dann abkühlen. **7.** Gib dann auf einen Keks jeweils 1 kleinen TL Marmelade und setze einen Keks ohne Marmelade darauf. Drücke sie vorsichtig zusammen. Fahre so mit den restlichen Keksen fort.

Dominosteine

Als ich angefangen habe Rezepte für das Buch zu kreieren, wollte ich unbedingt auch ein Rezept für Dominosteine mit aufnehmen. Ich war mir aber nicht sicher, ob es gelingen wird, da die Zubereitung bereits mit herkömmlichen Zutaten eine kleine Herausforderung darstellt. Umso glücklicher bin ich, dass das Rezept wirklich gelungen ist und die Dominosteine an das Original wirklich sehr nah herankommen.

Zubereitung

1. Heize den Ofen auf 175 Grad Ober- und Unterhitze vor. **2.** Lege eine Form (20x20 cm) mit Backpapier aus. **3.** Rasple die Schale von einer Orange fein ab. **4.** Schmelze das Kokosöl in einem Topf. **5.** Gib alle Zutaten für den Teig in eine Schüssel und verrühre alles miteinander. Gib den Teig in die Backform und backe den Boden für 20 Minuten im Ofen. Lass ihn anschließend gut abkühlen. **6.** Gib für das Gelee den Direktsaft und das Agar Agar in einen Topf. Lass den Saft unter Rühren aufkochen und nimm ihn dann vom Herd. Lass alles für 10 Minuten ruhen. Gieße das Gelee über den abgekühlten Boden und stelle beides für 2 Stunden in den Kühlschrank. **7.** Bereite nun das Marzipan zu. Gib dafür die Mandeln und die Datteln in einen leistungsstarken Mixer und mixe alles miteinander. Sollte die Masse noch zu fest sein, kannst du einfach noch etwas Mandelmilch dazugeben. Rolle die Marzipanmasse dünn aus. **8.** Nimm den Boden und das Gelee aus dem Kühlschrank und hebe es am Backpapier aus der Form. Lege die Marzipanmasse über das Gelee, drücke sie leicht an und schneide die überstehenden Ränder ab. **9.** Schmelze die Schokolade im Wasserbad. **10.** Schneide den „Kuchen" mit einem scharfen Messer vorsichtig in viele kleine Dominosteine, tunke sie nach und nach in die Schokolade, lass sie kurz abtropfen und setze sie auf einen Teller mit Backpapier oder ein Kuchengitter. Stell sie dann nochmal für eine Stunde in den Kühlschrank. Bewahre sie auch weiterhin im Kühlschrank auf.

Zutaten (für ca. 30 Stück)

Für den Teig

80 g Reismehl
60 g gemahlene Mandeln
1 EL Flohsamenschalen
40 g Dattelzucker
1 EL Speisestärke
150 ml Mandelmilch
1 EL Kokosöl
1 Orange
1 TL Lebkuchengewürz
1 TL Backpulver
1 Prise Salz

Für das Gelee

400 ml Direktsaft (z.B. Johannisbeere oder Cranberry)
1 TL Agar Agar

Für die Marzipanmasse

100 g geschälte und gemahlene Mandeln
50 g entsteinte Datteln

Für die Schokoladenglasur

200 g dunkle Schokolade

Lebkuchenmännchen

Die Weihnachtsplätzchen mit Lebkuchengewürz kennen viele als „Gingerbread Men“ oder eben Lebkuchenmännchen. Sie sind vor allem in England und Amerika beliebt. Die Lebkuchenmännchen sehen nicht nur sehr hübsch aus, sondern schmecken auch noch schön weihnachtlich. Die Mischung aus Nüssen, Kokosöl, Datteln und Lebkuchengewürz ist unglaublich gut und findet mit Sicherheit auch Anklang bei denen, die keine Fans von „gesünderen Plätzchen“ sind.

Zubereitung

1. Erwärme das Kokosöl in einem Topf. **2.** Gib die Datteln und das Kokosöl in einen Mixer und vermenge alles, bis eine karamellartige Masse entstanden ist. **3.** Gib dann die Dattelmasse zusammen mit den restlichen Zutaten in eine Schüssel und knete alles zu einem Teig. Sollte der Teig zu fest werden, kannst du einfach noch etwas Mandelmilch dazugeben. **4.** Lass den Teig für ca. 10 Minuten ruhen. **5.** Heize den Ofen auf 180 Grad vor. **6.** Roll den Teig mithilfe von etwas Buchweizenmehl (oder jegliches anderes Mehl) aus und steche kleine Männchen aus. **7.** Lege die Männchen vorsichtig auf ein mit Backpapier belegtes Blech und lass sie für ca. 10-12 Minuten im Ofen backen, bis sie goldbraun sind. **8.** Die Lebkuchenmännchen sollten dann noch für ca. 30 Minuten auf dem Blech liegen bleiben, sodass sie abkühlen und hart werden können. **9.** In einem luftdichten Behälter halten sie sich für ca. 10-12 Tage.

Zutaten (für 10 Stück)

100 g gemahlene Haferflocken
200 g gemahlene Mandeln
150 g entsteinte Medjool Datteln
2 EL Kokosöl
1 ½ TL Lebkuchengewürz
1 Prise Salz
etwas Mehl zum Ausrollen des Teiges

Lebkuchen

Obwohl die Lebkuchen glutenfrei, vegan und ohne industriellen Zucker sind, schmecken sie mindestens genauso gut wie herkömmliche Lebkuchen, wenn nicht sogar noch besser. Es war mir wichtig, in den gesunden Lebkuchen keinen Sirup oder ähnliche Zuckeralternativen zu verwenden. Somit sind sie nur mit Trockenfrüchten und Apfelmus gesüßt, was wirklich ausreicht. Durch das Apfelmus und die Nüsse sind sie auch gar nicht trocken, sondern schön saftig. Sie sind außerdem sehr schnell zubereitet, da sie nur 15 Minuten im Ofen bleiben müssen. Für die Zubereitung braucht man noch nicht mal einen Mixer, sodass sie wirklich jeder machen kann.

Zubereitung

1. Heize den Ofen auf 180 Grad Ober- und Unterhitze vor. **2.** Hacke die Aprikosen und die Datteln klein. **3.** Gib alle Zutaten, bis auf die ganzen Mandeln und die Schokolade, in eine Schüssel und verknete sie mit der Hand zu einem Teig. **4.** Belege ein Backblech mit Backpapier und forme aus dem Teig Kugeln. Lege sie auf das Backblech und drücke sie etwas flacher. **5.** Lass die Lebkuchen für 15 Minuten im Ofen backen und dann auskühlen. **6.** Schmelze die Schokolade und bestreiche damit die Lebkuchen. Setze dann jeweils eine Mandel auf die Schokolade und lass diese fest werden.

Zutaten (für 12 Stück)

200 g gemahlene Haselnüsse
100 g gehackte Mandeln
1 EL gemahlene oder geschrotete Leinsamen
100 g Datteln
80 g getrocknete Aprikosen
50 ml Mandelmilch
1/2 Orange (die Schale davon)
2 EL Apfelmus
2 TL Lebkuchengewürz
1 Prise Salz
70 g Zartbitterschokolade (mind. 75%)
12 Mandeln zum Dekorieren

Tipp: In einem luftdichten Behälter halten sie sich für ca. 10 Tage.

Mince Pies

Mince Pies sind hier in Deutschland eher weniger bekannt. Sie kommen aus Großbritannien und beschreiben ein süßes Gebäck, das vor allem in der Weihnachtszeit serviert wird. Das klassische Rezept ist allerdings voller industriellem Zucker, Butter und Weizenmehl. Ich hätte selbst nicht gedacht, dass man sie in eine gesündere Variante abwandeln kann, aber es funktioniert!

Zutaten (für 7 Stück)

200 g gemahlene Haferflocken oder Hafermehl
100 g Reismehl
1 EL Kokosöl
3 EL Apfelmark
100 ml Mandelmilch
1 Prise Salz
etwas Kokosöl zum Einfetten der Förmchen

Für die Füllung

2 Äpfel
1 Orange (Saft und Schale)
60 g Rosinen
1 gestrichener TL Zimt
⅓ TL Kardamom

Zubereitung

1. Schneide für die Füllung die Äpfel in kleine Stücke. **2.** Gib alle Zutaten der Füllung in einen Topf. Presse den Saft aus der Orange aus und rasple die Schale von ½ Orange dazu. **3.** Lass alles für 15 Minuten bei mittlerer Stufe leicht köcheln. **4.** Heize den Backofen auf 180 Grad Umluft vor. **5.** Schmelze das Kokosöl auf dem Herd in einem Topf. Gib alle Zutaten für den Teig in eine Schüssel und forme die Zutaten mit deinen Händen zu einem Teig. **6.** Fette die Förmchen von einem Muffinblech mit Kokosöl ein und verteile jeweils etwas Teig darin. Drücke mithilfe deiner Finger den Teig in die Förmchen, sodass in der Mitte eine Mulde entsteht. **7.** Gib jeweils 1 EL der Füllung (achte darauf, dass nicht zu viel Flüssigkeit mit in die Förmchen kommt) in die Mulde auf den Teig. **8.** Rolle den restlichen Teig aus und steche daraus einzelne Sterne aus. **9.** Lege die Sterne auf die Füllung der Mince Pies und drücke sie leicht an. **10.** Lass die Mince Pies für 25 Minuten im Ofen backen.

Nussecken

Nussecken habe ich schon immer gerne gegessen. Mir war jedoch nie klar, dass man daraus auch eine gesündere Variante zaubern kann. Deswegen freue ich mich umso mehr, das Rezept für die Nussecken (vegan und glutenfrei) mit dir zu teilen. Sie schmecken genauso gut wie die herkömmlichen Nussecken. Ich habe sie schon einigen Freunden und meiner Familie zum Probieren gegeben und sie waren bisher alle begeistert davon. Einige meinten sogar, dass sie noch besser als das Original schmecken. Durch die Nüsse sind sie sehr nährstoffreich und enthalten viele gute Fette, perfekt für die Winterzeit.

Zutaten (für 20 Stück)

100 g gemahlene Haferflocken
100 g gemahlene Mandeln
2 EL geschrotete Leinsamen
1 EL Speisestärke oder Tapiokastärke
50 ml Mandelmilch
2 EL Apfelmus
1 EL Dattelmus* oder 2 EL Yaconsirup
1 EL Kokosöl
1 Prise Salz
3 EL Apfelmus oder Marmelade zum Füllen

Für die Nussschicht

100 g Medjool Datteln
50 g gehackte Haselnüsse
60 g gehackte Mandeln
100 ml Mandelmilch
70 g Zartbitterschokolade (für den Überzug an den Ecken)

Zubereitung

1. Heize den Ofen auf 180 Grad Ober- und Unterhitze vor. **2.** Gib alle Zutaten, bis auf die Marmelade oder das Apfelmus für die Füllung, in eine Schüssel und verknete sie zu einem Teig. **3.** Belege ein Backblech mit Backpapier und streiche den Teig auf die Hälfte von dem Backblech, sodass er zu einem Rechteck geformt ist. (ca. 12cm breit und 34cm lang) **4.** Bestreiche den Teig mit Apfelmus oder Marmelade. **5.** Entsteine die Datteln und gib für die obere Nussschicht die Datteln und die Mandelmilch in einen Mixer und vermenge sie zu einer Creme. Hebe dann die gehackten Nüsse unter. **6.** Verteile die Nussschicht auf dem Boden der Nussecken und lass sie für 30 Minuten im Ofen backen. Die Nussecken sollten dann abkühlen. **7.** Schmelze die Schokolade. Schneide die Nussecken in viele Quadrate und halbiere diese dann (von Ecke zu Ecke), sodass lauter Dreiecke entstehen. Tauche jeweils zwei Ecken in die flüssige Schokolade und lege sie dann auf ein Gitter zum Trocknen.

*Dattelmus stellst du ganz einfach selbst her, indem du Datteln entsteinst und diese für 15 Minuten in warmem Wasser einweichst. Danach gießt du, bis auf 3 EL, das Wasser ab und pürierst die Datteln zu Mus.

Vanillekipferl

Vanillekipferl dürfen für mich in der Weihnachtszeit einfach nicht fehlen. Ich habe sie einige Jahre nicht mehr gegessen, da ich die klassischen Vanillekipferl nicht vertragen und keine gesunde Alternative dafür gefunden habe. Daher habe ich es mir irgendwann zur Aufgabe gemacht, ein leckeres Rezept für gesunde Vanillekipferl zu kreieren. Ich habe mich total gefreut, dass es gleich beim ersten Versuch geklappt hat. Als Ergebnis ist dieses leckere Rezept für glutenfreie Vanillekipferl entstanden, das sehr viel gesünder und verträglicher ist als die herkömmliche Variante.

Zutaten (für 20 Stück)

100 g gemahlene Mandeln
100 g Vollkornreismehl
70g Dattelzucker
65 g Margarine oder Kokosöl
1 TL Flohsamenschalen
1 gestrichener TL gemahlene Vanille
1 Prise Salz

Optional zum Wälzen

2 EL gemahlene Mandeln
1/2 TL Vanille
1 EL Dattelzucker

Zubereitung

1. Heize den Ofen auf 160 Grad Ober- und Unterhitze vor. **2.** Gib die Flohsamenschalen mit 3 EL Wasser in eine Schüssel, vermenge sie miteinander und lass sie für 2 Minuten quellen. **3.** Gib dann alle Zutaten in eine Schüssel und verknete sie mit der Hand zu einem Teig. **4.** Belege das Backblech mit Backpapier. **5.** Nimm jeweils eine kleine Portion von dem Teig, forme erst ein Bällchen und rolle das Bällchen dann zu einer Art Wurst. Forme diese dann zu einem Halbmond und leg es auf das Backblech. **6.** Lass die Vanillekipferl für 12 Minuten im Ofen backen und dann für 4-5 Minuten auskühlen. Du kannst dann die Zutaten zum Wälzen auf einem Teller miteinander vermischen und die Vanillekipferl darin vorsichtig wälzen. Sie sind noch recht weich und sollten für 30 Minuten abkühlen, sodass sie fester werden.

Tipp: In einer luftdichten Dose halten sich die Plätzchen für 8-10 Tage.

Kokosmakronen

Kokosmakronen gehören für mich einfach zur Weihnachtszeit dazu! Besonders toll finde ich, dass sie außen etwas knusprig und innen wunderbar weich sind. Das Rezept besteht nur aus wenigen Zutaten und die Kokosmakronen sind super schnell zubereitet! Durch den Yaconsirup haben sie eine etwas dunklere Farbe. Du kannst die Kokosmakronen auch mit Ahornsirup zubereiten, dann werden sie etwas heller.

Zutaten (für 20 Stück)

200 g Kokosraspeln
100 g Vollkornreismehl
150 ml Mandelmilch
4 EL Ahornsirup oder Yaconsirup
1 EL weißes Mandelmus
1 Prise Salz

Zubereitung

1. Heize den Ofen auf 180 Grad Umluft vor. **2.** Gib alle Zutaten in eine Schüssel und verrühre sie miteinander. Der Teig sollte nicht zu flüssig, aber auch nicht zu fest sein. Wenn er zu flüssig ist, kannst du einfach noch ein paar Kokosraspeln dazugeben, wenn er zu fest ist, füge noch etwas Mandelmilch hinzu. **3.** Setze mithilfe eines Löffels die Kokos-Häufchen auf ein mit Backpapier belegtes Backblech. Backe sie für ca. 15 Minuten im Ofen. Lass sie dann vollständig abkühlen.

Tipp: In einer luftdichten Dose halten sich die Kokosmakronen für 8-10 Tage.

Knusprige Kekse

Ich werde immer wieder gefragt, ob Buchweizen glutenfrei ist. In dem Wort steckt zwar das Wort "Weizen", es ist aber trotzdem ein glutenfreies Getreide und hat mit dem herkömmlichen Weizen nichts zu tun. Somit ist das Mehl auch für solche unter euch geeignet, die auf Gluten verzichten müssen und es nicht gut vertragen. Buchweizen hat einen leicht nussigen Geschmack, den ich sehr gerne mag. Die Kombination aus Dattelzucker und Kokosflocken ist unschlagbar gut! Dattelzucker besteht nur aus gemahlenen Datteln. Er ist somit ballaststoffreich und enthält zusätzlich noch einige Nährstoffe.

Zutaten (für ca. 8-10 Kekse)

60 g Buchweizenmehl
50 g Reismehl
30 g Kokosraspeln
50 g Dattelzucker
40 g Kokosöl
5 EL Mandelmilch
1 EL Mandelmus
1 Prise Salz

Zubereitung

1. Heize den Ofen auf 180 Grad vor. **2.** Gib zuallererst das Kokosöl in einen Topf und erwärme es, bis es flüssig wird. Gib nun alle restlichen Zutaten in eine Schüssel, füge das flüssige Kokosöl hinzu und vermenge alles gut miteinander, sodass ein brauner Teig entsteht. Sollte der Teig noch etwas zu fest sein, kannst du noch 1 EL Wasser oder Mandelmilch hinzufügen. **3.** Belege ein Blech mit Backpapier und nimm dir jeweils eine kleine Portion Teig, die du dann mit der Hand zu einem flachen Keks formst. Lege sie auf das Backblech und backe sie für ca. 15 Minuten im Ofen, bis sie eine etwas dunklere Farbe bekommen. Lass sie dann vollständig auskühlen, da sie erst dann richtig fest werden.

Mandelhörnchen

Die Mandelhörnchen sind wirklich super einfach zuzubereiten. Anhand der Zutatenliste sieht man bereits, dass es ein sehr einfaches Rezept ist. Sie schmecken wirklich toll und haben durch die Mandeln und die Datteln einen marzipanartigen Geschmack.

Zubereitung

1. Entsteine die Datteln und weiche sie in heißem Wasser für 10 Minuten ein. Gieße das Wasser danach ab. **2.** Gib die Mandeln und die Datteln in einen leistungsstarken Mixer oder eine Küchenmaschine und mixe alles für ca. 1 Minute zu einem Teig, bis eine marzipanartige Masse entsteht. **3.** Heize den Ofen auf 180 Grad Ober- und Unterhitze vor. **4.** Nimm jeweils 1 EL von dem Teig und forme daraus kleine Halbmonde. **5.** Lege Sie auf ein mit Backpapier belegtes Backblech. Backe die Hörnchen für 7 Minuten im Ofen. **6.** Nimm sie dann heraus und lass sie abkühlen. **7.** Schmelze die Schokolade in einem Wasserbad und tunke jeweils die beiden Enden der Hörnchen in die Schokolade. Lege sie auf ein Gitter und lass sie auskühlen, sodass die Schokolade fest wird.

Zutaten (für 10 kleine Hörnchen)

150 g geschälte und gemahlene Mandeln
80 g Datteln
1 Prise Salz
100 g Schokolade

Marzipankartoffeln

Die Marzipankartoffeln sind ideal für alle, die Marzipan lieben und nach einer gesünderen Alternative suchen. Das klassische Marzipan ist zwar super lecker, steckt aber auch voller Zucker. Meine Variante besteht aus lauter natürlichen Zutaten und enthält dadurch sogar eine Menge Ballaststoffe und ist durch die Datteln und Mandeln auch reich an Nährstoffen. Eingepackt in eine hübsche Tüte oder ein Glas kann man sie auch sehr gut verschenken.

Zutaten (für ca. 12 Stück)

200 g geschälte und gemahlene Mandeln
100 g Datteln
⅓ TL Vanille
1 EL Kakaopulver zum Wälzen

Zubereitung

1. Entsteine die Datteln und weiche sie in heißem Wasser für 10 Minuten ein. Gieße das Wasser dann ab. **2.** Gib die Mandeln, die Datteln und Vanille in einen leistungsstarken Mixer oder eine Küchenmaschine und mixe alles zu einer marzipanartigen Masse. **3.** Nimm jeweils etwas Teig in die Hand und rolle daraus Bällchen. Wälze diese dann in Kakaopulver und lege sie anschließend auf einen Teller oder in eine Dose. **4.** Lagere sie im Kühlschrank.

Zimtsterne

Zimtsterne verbindet man auch direkt mit der Advents- und Weihnachtszeit. Klassischerweise kommt am Ende ein Zuckerguss darüber. Damit die Zimtsterne am Ende trotzdem einen weißen Guss haben, habe ich eine gesündere Variante entwickelt, die unter anderem aus Kakaobutter und Cashewmus besteht. Je nach Belieben kannst du hier noch ein Süßungsmittel deiner Wahl dazugeben. Ich lasse es auch gerne weg und vermenge nur die Kakaobutter, das Cashewmus und den Zitronensaft miteinander.

Zubereitung

1. Gib alle Zutaten für den Teig in eine Schüssel und verknete alles miteinander. **2.** Heize den Ofen auf 180 Grad Ober- und Unterhitze vor. **3.** Rolle den Teig auf etwas Reismehl aus und steche daraus kleine Sterne aus. **4.** Lege sie auf ein mit Backpapier belegtes Backblech. **5.** Backe die Zimtsterne für 8 Minuten im Ofen. Lass sie dann vollständig abkühlen. **6.** Schmelze für die Glasur die Kakaobutter. Verrühre die Kakaobutter, den Zitronensaft, Cashewmus und ca. 2 EL von deiner Süße nach Wahl miteinander. Stelle die Glasur für 5 Minuten in den Kühlschrank, sodass sie etwas fester wird. Rühre sie in der Zeit einmal um. **7.** Bestreiche die Zimtsterne mit der Glasur und lass sie trocknen.

Zutaten (für 20 Stück)

Für den Teig

75 g gemahlene Haselnüsse
75 g gemahlene Mandeln
1 TL Zimt
½ TL geraspelte Zitronenschale
3 EL Dattelzucker
25 ml Mandelmilch
1 Prise Salz

Für den „Zucker"-Guss

15 g Kakaobutter
1 EL Cashewmus
2 EL Zitronensaft
Süße deiner Wahl: Yavonsirup, Reissirup, Ahornsirup, Kokosblütensirup oder Honig

Pfeffernüsse

In den Pfeffernüssen steckt zwar der Name „Pfeffer“, Pfeffer ist aber darin meistens nicht enthalten. Es ist vielmehr ein weihnachtliches Gebäck mit Gewürzen. Besonders gerne mag ich an dem Rezept, dass es so schön einfach zuzubereiten ist. Je nach Belieben kann man sie am Ende auch noch mit Schokolade überziehen. Aber auch naturbelassen sind sie sehr lecker.

Zutaten (für ca. 14 Stück)

150 g Datteln
150 g gemahlene Haferflocken
2 TL Lebkuchengewürz
2 EL Kokosöl
1 Prise Salz

Zubereitung

1. Schmelze das Kokosöl in einem Topf. **2.** Gib dann alle Zutaten in einen leistungsstarken Mixer oder eine Küchenmaschine und vermenge alles zu einem Teig. **3.** Heize den Ofen auf 180 Grad Ober- und Unterhitze vor. **4.** Belege ein Backblech mit Backpapier. **5.** Nimm jeweils 1 EL Teig in die Hand und rolle ihn zu einem Bällchen und drücke es von oben leicht ein, sodass es etwas flacher wird. Fahre so mit dem restlichen Teig fort und lege die Bällchen dann auf das Backblech. **6.** Backe die Pfeffernüsse für 15 Minuten im Ofen und lass sie dann abkühlen. **7.** Je nach Belieben kannst du sie mit dem Guss von den Zimtsternen auf Seite 64 oder mit Schokolade bestreichen.

Engelsaugen

In manchen Regionen werden Engelsaugen auch „Husarenkrampfen" genannt. Ich habe aber auch schon die Bezeichnung „Kulleraugen" oder „Liebesgrübchen" dafür gehört. Ganz egal wie man sie nennt, das Wichtigste ist, dass sie gut schmecken! Sie sind ein richtiger Weihnachtsplätzchen-Klassiker, super unkompliziert in der Zubereitung und sehr lecker.

Zutaten (für ca. 14 Stück)

Für den Teig

100 g gemahlene Haferflocken
50 g gemahlene Mandeln
40 g Dattelzucker
2 EL Apfelmus
70 g Mandelmilch
1 TL Backpulver
1 Prise Salz

Für die Marmelade

150 g Himbeeren
1 ½ EL Chiasamen

Zubereitung

1. Gib die Himbeeren in eine Schüssel und püriere sie. Hebe die Chiasamen unter und lass alles für 30 Minuten ruhen. Rühre dabei immer wieder um. **2.** Heize den Ofen auf 175 Grad Ober- und Unterhitze vor. **3.** Gib alle Zutaten für den Teig in eine Schüssel und verknete sie miteinander. **4.** Belege ein Backblech mit Backpapier und forme den Teig zu vielen kleinen Kugeln. Setze diese auf das Backblech und drücke in der Mitte mit einem Finger eine Mulde. **5.** Setze in die Mulde jeweils ½ TL von der Marmelade hinein. **6.** Backe die Kekse dann für 15 Minuten im Ofen. Lass sie anschließend vollständig abkühlen.

Orangen-Schoko-Kekse

Ihr kennt bestimmt die soften Kekse mit Orangenfüllung, die man im Supermarkt überall kaufen kann. Schon lange habe ich mir gedacht, dass man daraus doch sicher eine gesündere Version machen kann. Siehe da, es klappt! In diesem Buch gehören sie definitiv zu meinen Favoriten, sodass ich euch nur empfehlen kann das Rezept auszuprobieren. Aus Erfahrung kann ich sagen, dass sie auch vielen Menschen schmecken, die sich sonst eher weniger gesund ernähren, weil sie wirklich gut sind.

Zutaten (für ca. 13-15 Stück)

2 Orangen
100 g gemahlene Haferflocken
60 g gemahlene Mandeln
1 EL Mandelmus
3 EL Dattelzucker
70 g getrocknete Aprikosen
½ TL Zimt
1 TL Agar Agar
80 g Zartbitterschokolade

Zubereitung

1. Presse die Orangen aus und rasple die Schale von 1 Orange ab. Es sollte ca. 250 ml Orangensaft herauskommen. **2.** Gib die Haferflocken, die getrockneten Aprikosen, die gemahlenen Mandeln, das Mandelmus, 4 EL Orangensaft und Orangenschale, den Zimt und den Dattelzucker in einen Mixer und vermenge alles zu einem Teig. **3.** Heize den Ofen auf 180 Grad Ober- und Unterhitze vor. **4.** Rolle den Teig aus und steche Kekse aus. Lege diese auf ein mit Backpapier belegtes Backblech. **5.** Backe die Kekse für 10 Minuten im Ofen und lass sie dann auskühlen. **6.** Gib nun den restlichen Orangensaft mit dem Agar Agar in einen Topf und lass die Flüssigkeit unter Rühren 1 Minute leicht köcheln. Stell den Topf anschließend in den Kühlschrank bis die Masse abgekühlt ist, fester wird und geliert. Rühre sie zwischendurch immer mal wieder um. Das Ganze dauert ca. 30-45 Minuten. **7.** Schmelze die Schokolade in einem Wasserbad. **8.** Gib auf jeden Keks ca. 1 TL von dem Orangengelee und bestreiche sie dann mit Schokolade. Du kannst auch probieren die Kekse vorsichtig von oben in die Schokolade zu tunken. **9.** Bewahre die Kekse im Kühlschrank auf.

Plätzchen zum Ausstechen

Klassische Plätzchen zum Ausstechen sind immer super. Ganz nach Belieben kann man den Teig mit den verschiedensten Formen ausstechen. Man kann die Plätzchen einfach so lassen wie sie sind und pur essen oder am Ende mit Schokolade bestreichen. Beides schmeckt sehr gut. Ich habe sie auch schon mit Marmelade bestrichen und daraus Doppeldeckerplätzchen gemacht.

Zutaten (für ca. 20-25 Plätzchen)

200 g Hafermehl
70 g Dattelzucker
1 EL Cashewmus
1 EL Flohsamenschalen
3 EL Mandelmilch
1 TL Backpulver
½ TL Zimt
1 Prise Vanille

Zubereitung

1. Heize den Ofen auf 175 Grad Ober- und Unterhitze vor. **2.** Gib zuallererst die Flohsamenschalen mit 5 EL Wasser in eine Schüssel und lass sie für 3 Minuten quellen. **3.** Gib dann alle Zutaten in eine Schüssel und verknete sie zu einem Teig. **4.** Stell den Teig für 20 Minuten abgedeckt in den Kühlschrank. **5.** Rolle ihn dann auf einer bemehlten Arbeitsfläche aus und steche mit den Förmchen deiner Wahl Plätzchen aus. Lege diese dann auf ein mit Backpapier belegtes Backblech. **6.** Backe sie für 10 Minuten im Ofen und lass sie anschließend abkühlen. **7.** Je nach Belieben kannst du sie mit Schokolade bestreichen oder auch einfach so essen.

Spekulatius

Spekulatius gehören zu den Keksen, die in der Advents- und Weihnachtszeit nicht fehlen dürfen. Verziert mit gehobelten Mandeln sehen sie einfach hübsch und nach Weihnachten aus. Wichtig ist, dass du beim Ausrollen vom Teig darauf achtest, dass du wirklich vorsichtig vorgehst. Bei glutenfreien Teigen muss man hier immer etwas achtsamer sein, da sie schnell bröseln. Ich rolle ihn oft nur mit dem Teigroller an und drücke ihn dann mit den Händen weiter aus.

Zutaten (für ca. 30 Stück)

100 g gemahlene Mandeln
100 g Vollkornreismehl
1 TL Speisestärke
60 g Kokosöl
1 TL Lebkuchengewürz
½ TL Zimt
4 EL Dattelzucker
1 TL Backpulver
1 Prise Salz
2 EL Mandelmilch
Gehobelte Mandeln zum Verzieren

Zubereitung

1. Schmelze das Kokosöl in einem Topf. **2.** Gib alle Zutaten in eine Schüssel und verknete sie zu einem Teig. Forme den Teig zu einer Kugel und stell ihn für 30 Minuten im Kühlschrank kalt. **3.** Heize den Ofen auf 180 Grad Ober- und Unterhitze vor. **4.** Rolle den Teig auf einer bemehlten Arbeitsfläche aus und steche ihn mit den Förmchen deiner Wahl aus. Lege die Spekulatius dann auf ein mit Backpapier belegtes Backblech. **5.** Verziere die Plätzchen mit den gehobelten Mandeln und lass sie dann für 10 Minuten im Ofen backen. **6.** Lass die Plätzchen anschließend auskühlen und lagere sie in einer luftdichten Dose. So halten sie sich an einem trockenen und kühlen Ort für mehrere Wochen.

Hafer-Cranberry-Kekse

Haferkekse sind super, wenn es schnell gehen muss oder man nur noch ein paar Zutaten zu Hause hat. Alles was man dafür tun muss, ist alle Zutaten miteinander zu vermengen, kleine Kekse zu formen und sie für 20 Minuten im Ofen zu backen. Auch für kleine Kinder eignen sie sich gut. In einer Dose lassen sie sich super mit in die Schule oder auf die Arbeit nehmen. Wer keine Cranberrys mag, kann stattdessen einfach Rosinen verwenden.

Zutaten (für ca. 10 Kekse)

150 g Haferflocken
1 EL Cashewmus
100 g getrocknete Cranberrys
1 reife Banane
1 Apfel
½ TL Zimt

Zubereitung

1. Heize den Ofen auf 180 Grad Ober- und Unterhitze vor. **2.** Schäle die Banane und zerdrücke sie mit einer Gabel zu einem Brei. **3.** Verrühre die zerdrückte Banane und das Cashewmus in einer Schüssel miteinander. **4.** Raspel den Apfel fein. **5.** Gib alle Zutaten in eine Schüssel und vermenge alles miteinander. **6.** Belege ein Backblech mit Backpapier und setze jeweils 1 EL von dem Teig auf das Backblech und forme ihn zu einem Keks. **7.** Backe die Kekse für 20 Minuten im Ofen.

Weihnachtliche Energiebällchen

Energiebällchen sind das ganze Jahr über ein toller Snack oder ein leckeres Dessert. Diese hier habe ich extra für den Winter kreiert. Aus der ayurvedischen Perspektive enthalten sie lauter wärmende Zutaten, die gerade in der kalten Jahreszeit genau richtig für uns sind. Sie gleichen die Kälte in der Natur aus, denn im Ayurveda gilt das Grundprinzip „Gegensätze gleichen sich aus".

Zubereitung

1. Gib die Haselnüsse in einen leistungsstarken Mixer oder eine Küchenmaschine und mixe sie, bis sie gemahlen sind. **2.** Entsteine die Datteln und entferne den Strunk der Feigen. Gib sie zusammen mit den restlichen Zutaten in einen Mixer und vermenge alles zu einem Teig. **3.** Nimm jeweils 1 TL vom Teig und rolle ihn zu einem Bällchen. Lagere die Bällchen im Kühlschrank oder Gefrierschrank.

Zutaten (für ca. 15-20 Bällchen)

150 g Haselnüsse
Schale von ½ Orange
3 EL Orangensaft
1 TL Lebkuchengewürz
1 EL Kakaopulver
6 Datteln (100 g)
3 getrocknete Feigen
1 Prise Salz

KUCHEN

Es geht doch nichts über ein leckeres Stück Kuchen. Das gilt auch für die Wintermonate und die Adventszeit. Mit den richtigen Gewürzen schmeckt der Kuchen gleich schön weihnachtlich, was perfekt für den Adventskaffee geeignet ist. Du findest in dem Kapitel auch ein paar weihnachtliche Klassiker, wie einen Marzipan-Stollen oder ein leckeres Früchtebrot. Ich wünsche dir ganz viel Freude beim Ausprobieren der Rezepte!

Gewürzbrownies

Brownies kann man so ziemlich das ganze Jahr über essen. Diese Version von Brownies ist speziell für die Advents- und Weihnachtszeit gedacht, da sie durch die Gewürze nach Weihnachten schmecken. Sie sind richtig schön saftig, obwohl sie vegan, glutenfrei und ohne industriellen Zucker hergestellt werden. Hier wird deutlich, wie lecker eine gesunde Ernährung sein kann und dass man dabei auf nichts verzichten muss.

Zutaten (für 12 Brownies)

200 g Buchweizenmehl
100 g gemahlene Mandeln
500 ml Hafermilch
100 g Dattelzucker
1 EL Mandelmus
1 EL Kokosöl
1 EL Apfelessig
3 EL Kakaopulver
1 TL Backpulver
1 TL Lebkuchengewürz
½ TL Zimt
1 Prise Salz
80 g Schokolade

Zubereitung

1. Heize den Ofen auf 180 Grad Ober- und Unterhitze vor. **2.** Gib alle Zutaten, bis auf die Schokolade, in eine Schüssel und verrühre alles zu einem Teig. **3.** Lege eine Auflaufform mit Backpapier aus und fülle den Teig hinein. **4.** Lass die Brownies für 40 Minuten im Ofen backen. Nimm sie dann heraus und lass sie vollständig abkühlen. **5.** Schmelze in der Zwischenzeit die Schokolade und bestreiche die Brownies damit.

Früchtebrot

Ein gutes Früchtebrot gehört, genauso wie ein Stollen, zur vorweihnachtlichen Zeit einfach dazu. Das Tolle ist, dass das Brot wirklich nur durch die Trockenfrüchte gesüßt wird und so aus lauter natürlichen Zutaten besteht. Das Apfelmus schenkt dem Brot zusätzlich etwas Süße und sorgt auch dafür, dass der Teig nicht zu trocken wird. Ich bestreiche eine Scheibe von dem Früchtebrot gerne mit Mandelmus. Das schmeckt super lecker!

Zubereitung

1. Heize den Ofen auf 180 Grad Ober- und Unterhitze vor. **2.** Presse die ½ Orange aus und rasple die Schale der Orange ab. **3.** Entsteine die Datteln und hacke die Trockenfrüchte klein. **4.** Gib alle Zutaten in eine Schüssel und verknete sie zu einem Teig. **5.** Lege eine Kastenform mit Backpapier aus und gib den Teig hinein. Backe das Brot für 35 Minuten im Ofen.

Zutaten (für eine 18cm Kastenform)

150 g Hafermehl
60 g gemahlene Mandeln
50 g gehackte Walnüsse
50 g gehackte Mandeln
60 g Datteln
80 g Feigen
50 g Rosinen
1 Orange
3 EL Apfelmus
1 TL Backpulver
1 gestrichener TL Zimt
1 Prise Salz

Saftiger Maronenkuchen

Ein saftiger Maronenkuchen, der einfach nur super schmeckt! Ich kann es selbst kaum glauben, wie gut er geworden ist und freue mich riesig, das Rezept mit euch zu teilen. Er ist super saftig, angenehm süß und passt sehr gut zum Herbst und Winter. Die Maronen, das Apfelmus und die Haselnüsse tragen dazu bei, dass der Maronenkuchen überhaupt nicht trocken wird, sondern schön saftig bleibt. Die angenehme Süße erhält er durch die Maronen und die Datteln. Er kommt ganz ohne Sirup oder anderen Zuckeralternativen aus, da die Datteln zum Süßen vollkommen ausreichen.

Zutaten (für einen Kuchen)

200 g gemahlene Haselnüsse
200 g vorgekochte Maronen
3 EL Buchweizenmehl
2 EL Chiasamen
10 entsteinte Medjool Datteln
200 ml Mandelmilch
2 EL Apfelmus
1/2 Orange (den Saft davon)
2 EL Kakaopulver
1 gestrichener TL Zimt
1 TL Backpulver
1 Prise Salz
100 g Schokolade (für den Überzug)

Zubereitung

1. Heize den Ofen auf 180 Grad Umluft vor. **2.** Gib die Maronen, die Datteln und die Haselnüsse in einen leistungsstarken Mixer oder eine Küchenmaschine und mixe alles fein. **3.** Füge dann alle restlichen Zutaten, bis auf die Schokolade, hinzu und mixe alles zu einem Teig. **4.** Belege eine 20cm lange Kastenform mit Backpapier und gib den Teig hinein. **5.** Lass den Kuchen für 70 Minuten im Ofen backen. **6.** Lass ihn dann auskühlen und nimm ihn aus der Kastenform. Schmelze die Schokolade und bestreiche den Kuchen damit.

Birnen-Gewürzkuchen

Der Birnen-Gewürzkuchen eignet sich perfekt für einen Adventskaffee. Durch die Birnen schmeckt er leicht fruchtig, was sehr gut zu den weihnachtlichen Gewürzen vom Rest des Kuchens passt. Die Flohsamenschalen sorgen dafür, dass der Teig gut zusammenhält und etwas fluffiger wird. Sie sind ein toller Ei-Ersatz und dürfen bei mir in der Küche nie fehlen. Außerdem dienen sie als eine sehr gute Ballaststoffquelle und haben somit eine positive Auswirkung auf die Darmflora.

Zutaten

1 EL Flohsamenschalen
150 g Buchweizenmehl
150 g Hafermehl
2 TL Backpulver
400 ml Mandelmilch
1 EL Kokosöl
7 gehackte Datteln (70g)
3 EL Dattelzucker
1 Birne
1 TL Zimt
½ TL Lebkuchengewürz
1 Prise Salz
Kokosöl zum Einfetten der Form

Zubereitung

1. Gib die Flohsamenschalen zusammen mit 6 EL Wasser in eine Schüssel und vermenge beides miteinander. Lass die Flohsamenschalen für 10 Minuten quellen. **2.** Heize den Ofen auf 180 Grad Ober- und Unterhitze vor. **3.** Entsteine die Datteln und hacke sie in kleine Stücke. **4.** Halbiere die Birne, entferne das Gehäuse und schneide sie in Streifen. **5.** Gib dann alle Zutaten, bis auf die Datteln und die Birne, in eine Schüssel und vermenge alles gut miteinander. Hebe dann die Dattel- und die Birnenstücke unter. **6.** Fette eine Gugelhupfform mit Kokosöl ein. Gib den Teig hinein und lass den Kuchen für 50 Minuten im Ofen backen. **7.** Lass den Kuchen dann für 15 Minuten in der Form abkühlen und stürze ihn anschließend auf einen Teller. Lass ihn vollständig abkühlen. **8.** Optional kannst du ihn zum Schluss noch mit Schokolade bestreichen.

Stollen

Ich habe früher sehr gerne Marzipanstollen gegessen und für mich war es immer etwas Besonderes, wenn mein Vater in der Advents- und Weihnachtszeit einen Marzipanstollen mit nach Hause gebracht hat. Daher freue ich mich sehr, dass ich hier nicht nur ein klassisches und gesundes Stollenrezept mit euch teilen kann, sondern noch viel besser: Einen Marzipanstollen. Der Stollen hat in der Mitte eine marzipanartige Füllung, was einfach traumhaft gut schmeckt. Wenn ihr das Marzipan nicht selbst machen wollt, dann gibt es im Bioladen mittlerweile auch häufig ein fertiges Honigmarzipan zu kaufen (durch den Honig nur leider nicht vegan). Auch das lässt sich sehr gut verwenden.

Zutaten (für einen Stollen)

80 g Buchweizenmehl
100 g Hafermehl
100 g gemahlene Mandeln
150 g Sojaquark
2 EL Apfelmark
50 g Rosinen
50 g gehackte Datteln
1 TL Lebkuchengewürz
Saft und Schale von ½ Orange
2 TL Backpulver
1 Prise Salz

Für die Marzipanfüllung

100 g gemahlene und geschälte Mandeln
4 Medjool Datteln

Zubereitung

1. Gib alle Zutaten, bis auf die Trockenfrüchte, in eine Schüssel und verrühre alles zu einem Teig. **2.** Hacke die Trockenfrüchte klein und hebe sie unter den Teig. **3.** Gib für das Marzipan die Mandeln und die Datteln in einen Mixer und vermenge alles, bis eine marzipanartige Masse entstanden ist. Sollte das Marzipan nicht weich genug sein, kannst du einfach noch etwas Mandelmilch dazugeben. **4.** Heize den Ofen auf 180 Grad Ober- und Unterhitze vor. **5.** Gib eine Hälfte von dem Teig auf ein mit Backpapier belegtes Backblech. **6.** Füge die Hälfte von dem Teig in die Form. Forme aus der Marzipanmasse eine längliche Rolle und lege sie mittig auf den Teig. Verteile den Rest des Teiges darüber. Wenn du den Teig auf das Backblech gegeben hast, dann forme ihn nun zu einem Stollen. **7.** Backe den Stollen für 45 Minuten im Ofen. **8.** Lass ihn abkühlen.

Weihnachtliche Schoko-Karamell-Riegel

In meinem 2. Buch „Vegan Ayurveda“ habe ich bereits ein Rezept für Erdnuss-Schoko-Riegel veröffentlicht. Dieses Rezept ist die weihnachtliche Version dieser Riegel. Sie sind so unfassbar gut, dass man aufpassen muss, nicht gleich alle auf einmal zu essen. Die Füllung ist super cremig und durch die Gewürze und die Orangenschale haben die Riegel eine schön weihnachtliche Note.

Zubereitung

1. Entsteine die Datteln. **2.** Gib alle Zutaten für den Boden in einen leistungsstarken Mixer oder eine Küchenmaschine und vermenge alles zu einem Teig. **3.** Lege eine Auflaufform mit Backpapier aus und drücke den Teig hinein. **4.** Lege für die Karamellschicht die entsteinten Datteln für 15 Minuten in heißes Wasser. Gieße das Wasser ab und gib alle Zutaten für die Karamellschicht in einen leistungsstarken Mixer und mixe alles zu einer cremigen Masse. **5.** Streiche die Karamellschicht über den Boden und stell die Form für 30 Minuten in das Gefrierfach. **6.** Schmelze die Schokolade in einem Wasserbad und gieße sie über die Karamellschicht der Riegel. Stell sie anschließend zurück in das Gefrierfach oder in den Kühlschrank. **7.** Sobald die Schokolade fest geworden ist, kannst du sie in Riegel oder Stücke schneiden. **8.** Lagere die Riegel im Kühlschrank oder im Gefrierschrank.

Zutaten (für ca. 10 Stück)

Für den Boden

100 g Datteln
100 g gemahlene Haferflocken
Schale von 1 Orange
Saft von ½ Orange
Schale von ½ Zitrone
1 TL Lebkuchengewürz
1 Prise Salz

Für die Karamell-Schicht

100 g Datteln
1 EL Mandelmus
4 EL Mandelmilch
½ TL Zimt
1 Prise gemahlene Nelken
1 Prise Salz

80 g Schokolade

GETRÄNKE

Ein warmes Getränk darf im Winter definitiv nicht fehlen. Es gibt nichts Besseres, als nach einem Spaziergang in der Kälte oder nach einem langen Tag nach Hause zu kommen und sich ein wärmendes und nährendes Getränk zu zubereiten. Es schenkt dem ganzen Körper Wärme und Entspannung. Hierbei muss es sich nicht immer nur um einen Tee handeln. Auch eine heiße Schokolade mit Orange oder ein leckerer weihnachtlicher Punsch schmecken herrlich im Winter.

Lebkuchensmoothie

Dieser Lebkuchensmoothie ist einfach so locker! Das Lebkuchengewürz ist in der Weihnachtszeit ein unglaublich tolles Gewürz. Alleine den Geruch verbindet man sofort mit Weihnachten. Die meisten von euch werden das Gewürz wahrscheinlich nur im Lebkuchen kennen. Vor kurzem habe ich angefangen damit zu experimentieren und festgestellt, dass man es auch in so vielen anderen Speisen verwenden kann, so wie in diesem Smoothie.

Zutaten (für einen Smoothie)

200 ml Mandelmilch
1 Banane
½ TL Zimt
¼ TL gemahlene Muskatnuss
¼ TL gemahlene Nelken
¼ TL gemahlenen Ingwer
¼ TL gemahlener Kardamom

Zubereitung

1. Gib alle Zutaten in einen leistungsstarken Mixer und mixe sie so lange, bis eine flüssige Konsistenz entsteht. **2.** Gieße den Smoothie in ein Glas und genieße ihn.

Tipp: Wenn du die Gewürze nicht selbst zusammenstellen möchtest, kannst du auch einfach 1 TL Lebkuchengewürz verwenden.

Cremige Cashew-Gewürzmilch

Wenn ich das Getränk beschreiben müsste, dann würde ich sagen, dass es einfach unfassbar cremig ist und sich beim Trinken wie eine innere Umarmung anfühlt. Die Gewürzmilch ist wirklich herrlich und unglaublich wohltuend. Durch die Cashewkerne ist sie auch etwas sättigend. Besonders lecker ist sie zu einem Stück Stollen oder ein paar Plätzchen. So lässt sich das Warten auf Weihnachten auf jeden Fall aushalten.

Zubereitung

1. Entsteine die Datteln. **2.** Gib alle Zutaten in einen leistungsstarken Mixer und mixe alles cremig. **3.** Gieße die Flüssigkeit in einen Topf und erwärme sie unter Rühren. **4.** Gieße die Gewürzmilch in eine Tasse und gib noch etwas Zimt darüber.

Zutaten (für eine Tasse)

25 g Cashewkerne
150 ml Mandelmilch
2 Datteln
1/3 TL Vanille
1 Prise Zimt
¼ TL Nelken
¼ TL Muskat
¼ TL Kardamom

Heiße Schokolade mit Orange

Es geht doch nichts über eine Tasse heiße Schokolade. Da die Hafermilch bereits einen süßlichen Geschmack hat, muss man hier keinerlei zusätzliche Süße dazugeben. Bei der Zubereitung wird die Orangenschale eine Zeit lang mitgekocht. Dadurch nimmt die heiße Schokolade ein tolles Aroma an und es duftet alles schön weihnachtlich. Wer noch etwas Schärfe dazugeben möchte, kann am Ende auch noch eine Prise Chili oder etwas Ingwer hinzufügen.

Zutaten (für 1 Tasse)

300 ml Hafermilch
Schale von 1/3 Orange
1 Zimtstange
25 g bittere Schokolade

Zubereitung

1. Schneide die Orangenschale in 3 kleinere Stücke. **2.** Gib alle Zutaten, bis auf die Schokolade, in einen Topf und bringe sie zum Köcheln. Lass alles für 5 Minuten bei leichter Hitze weiterköcheln. **3.** Gib dann die Schokolade dazu und lass sie darin schmelzen. Verrühre alles gut miteinander und gieße die heiße Schokolade durch ein Sieb in eine Tasse. **4.** Genieße sie.

Alkoholfreier Weihnachtspunsch

Ein Punsch erinnert mich immer direkt an den Weihnachtsmarkt. Leider enthalten die meisten festlichen Getränke eine Menge an Alkohol und/oder Zucker. Dabei kann man so ein Getränk auch so zubereiten, dass es gesünder und verträglicher wird. Achte beim Kauf der Säfte darauf, dass es sich um naturbelassene Direktsäfte handelt und kein Zucker zugesetzt wurde. Hier lohnt es sich die Zutatenliste der Säfte zu lesen, um wirklich sicherzugehen.

Zutaten (für 3 Tassen)

200 ml Granatapfelsaft
200 ml Apfelsaft
300 ml Wasser
1 Orange
5 Nelken
2 Sternanis
2 Zimtstangen

Zubereitung

1. Halbiere die Orange und presse den Saft davon aus. **2.** Nimm die Schale von der halben Orange und schneide sie in vier Stücke. **3.** Gib alle Zutaten für den Punsch in einen Topf und lass ihn bei geringer Hitze für 25 Minuten köcheln. **4.** Gieße ihn dann durch ein Sieb in Gläser.

HERZHAFTE GERICHTE

In diesem Kapitel findest du einige herzhafte Rezepte für die Advents- und Weihnachtszeit. Als ich vor einigen Jahren so viele Dinge nicht vertragen habe, war es gar nicht einfach einen leckeren und verträglichen Hauptgang für das Essen an Heiligabend zu finden. Mittlerweile gibt es aber sehr viel mehr Auswahl. Es warten Rezepte wie Knödel, ein Linsen-Braten, Maronensoße und eine Quiche auf dich. Alles schmeckt wirklich super lecker und man muss dabei auf nichts verzichten.

Süßkartoffel-Maronen-Quiche

Eine klassische Quiche enthält eigentlich immer eine Menge an Eiern und Käse. Ich hätte selbst nicht gedacht, dass man sie auch vegan, also komplett ohne tierische Produkte zubereiten kann. Diese vegane Quiche mit Süßkartoffel-Maronen-Füllung ist gar nicht schwer und durch die Maronen passt sie sehr gut zum Winter. Bei uns gab es die Quiche an Heiligabend für diejenigen, die kein Fleisch essen. Aber auch allen anderen hat sie gut geschmeckt. Die Füllung schmeckt schön würzig und durch die klein geschnittenen Aprikosen wird alles super saftig.

Zutaten (für eine Quiche)

Für den Teig

240 g Hafermehl
120 g Margarine
1 EL Flohsamenschalen
1/2 TL Salz

Für die Füllung

1 Süßkartoffel (250 g)
200 g vorgekochte Maronen
1 Zwiebel
6 getrocknete Aprikosen
Saft von ½ Zitrone
200 g Tofu
150 ml Mandelmilch
1 TL Currypulver
1 TL gemahlener Kreuzkümmel
1 TL Senf
2 EL Olivenöl
1 gestrichener TL Kala Namak
1 Prise Pfeffer

Zubereitung

1. Heize den Ofen auf 180 Grad Umluft vor. **2.** Schäle die Süßkartoffel und schneide sie in kleine Stücke. Gib sie mit etwas Olivenöl auf ein Backblech und backe sie für 25 Minuten im Ofen. **3.** Bereite in der Zwischenzeit den Teig zu. Gib dafür alle Zutaten in eine Schüssel und verknete sie mit der Hand zu einem Teig. Lass ihn für 10 Minuten ruhen. **4.** Schneide die Zwiebel und die getrockneten Aprikosen in kleine Stücke. Gib 2 EL Olivenöl in eine Pfanne und brate die Zwiebeln, die Aprikosen und die Gewürze darin an. **5.** Zerbrösele die Maronen mit der Hand in kleinere Stücke und gib sie dazu. Lass alles für ca. 5 Minuten weiter auf mittlerer Stufe braten und rühre immer wieder um. Hebe dann die gebackenen Süßkartoffeln unter. **6.** Gib nun den Tofu, den Senf und die Mandelmilch in einen leistungsstarken Mixer und mixe alles zu einer Creme. Gib diese in die Pfanne zu dem Gemüse und den Kräutern dazu und vermenge alles miteinander. Füge das Kala Namak, den Pfeffer, den Zitronensaft und je nach Geschmack noch etwas Salz hinzu. Stell die Pfanne kurz beiseite. **7.** Fette eine Springform (ca. 24 cm Durchmesser) mit etwas Margarine oder Olivenöl ein. Verteile den Teig in der Form und drücke ihn auch leicht an den Seiten hoch, dass ein Rand entsteht. **8.** Verteile nun die Füllung gleichmäßig auf dem Boden. **9.** Lass die Quiche bei 180 Grad Ober- und Unterhitze für 45-50 Minuten im Ofen backen.

Kartoffelknödel mit Pilzsoße

Das Beste an diesem Rezept sind die Kartoffelknödel. Ich hatte zu Beginn etwas Bedenken, dass sie ohne Ei nicht zusammenhalten werden. Es hat aber auf Anhieb gut funktioniert. Wichtig ist, dass das Wasser, in dem die Knödel liegen nicht kocht, da sie sonst schnell auseinanderfallen. Ansonsten halten sie aber wunderbar zusammen. In Kombination mit der Pilzsoße sind sie unfassbar gut!

Zubereitung

1. Bereite die Kartoffelknödel zu. Koche dafür die Kartoffeln in einem Topf Wasser weich. Schäle die Kartoffeln und zerstampfe sie anschließend mit einem Kartoffelstampfer. Gib dann alle restlichen Zutaten dazu und verknete alles zu einem Teig. Nimm jeweils ca. 2 EL von dem Teig ab und rolle sie zu Knödel. Setze einen großen Topf mit Wasser auf und bringe es zum Kochen. Lege die Knödel in das Wasser. Das Wasser sollte jetzt nicht mehr kochen, sondern nur noch sieden, da sie im kochenden Wasser sonst schnell zerfallen. Darin bleiben sie für ca. 15 Minuten. Sobald sie an die Oberfläche steigen sind sie fertig und können aus dem Wasser herausgenommen werden. **2.** Schneide für die Soße die Pilze in Scheiben. Hacke die Zwiebel fein und drücke den Knoblauch durch eine Knoblauchpresse. Gib das Öl in eine Pfanne, füge die Gewürze, die Zwiebel und den Knoblauch hinzu und brate alles kurz an. Gib dann die Champignons dazu und brate alles für weitere 3 Minuten an. Anschließend folgt die Sojasahne. Würze alles mit Salz und Pfeffer und lass das Gemüse für weitere 2 Minuten in der Soße köcheln. **3.** Richte dann die Knödel mit der Pilzsoße auf einem Teller an. Hacke die Petersilie fein und streue sie über das Essen. Lass es dir schmecken!

Zutaten (für 4 Personen)

Für die Kartoffelknödel

1 kg Kartoffeln (festkochende)
15 g Margarine
1 Prise Muskat
3 EL Kartoffelstärke
Salz, Pfeffer

Für die Pilzsoße

700 g Champignons
1 Zwiebel
1 Knoblauchzehe
1 TL Thymian
1 TL Rosmarin
½ Bund Petersilie
200 ml Sojasahne (Hafer- oder Kokossahne geht auch)
2 EL Olivenöl
Salz, Pfeffer

Wirsingrouladen

Die Wirsingrouladen sind mit Linsen und Maronen gefüllt. Zusammen mit den Gewürzen schmeckt die Füllung wirklich super. Insgesamt ist das Rezept ein wenig aufwendiger, als viele meiner anderen Rezepte in dem Buch. Es ist aber absolut machbar und man braucht dafür nicht länger als eine Stunde. Besonders gut schmecken die Rouladen zusammen mit den Kartoffelknödeln und der Pilzsoße auf Seite 108.

Zutaten (für ca. 10-12 Stück)

1 Wirsing
1 Zwiebel
1 Knoblauchzehe
½ Pastinake
200 g vorgekochte Maronen
100 g braune Linsen
100 ml Gemüsebrühe
2 EL Olivenöl
1 TL Thymian
1 TL Majoran
1 TL Rosmarin
Salz, Pfeffer

Zubereitung

1. Bringe für die Wirsingrouladen als erstes einen großen Topf mit Wasser zum Kochen. Entferne 8 große Wirsingblätter vorsichtig vom Wirsing und lege die Blätter ins Wasser. Köchel die Blätter darin für ca. 2-3 Minuten, sodass sie weicher werden. Nimm sie anschließend heraus und lege sie auf einen Teller. **2.** Bereite dann die Füllung zu. Gib die Linsen mit der doppelten Menge an Wasser in einen Topf und lass sie darin für ca. 30 Minuten weich köcheln. **3.** Schäle die Zwiebel, die Knoblauchzehe und die Pastinake. Hacke die Zwiebel klein, schneide die Pastinake und die vorgekochten Maronen in kleine Stücke und presse die Knoblauchzehe durch eine Knoblauchpresse. Gib das Öl in eine Pfanne, füge die Gewürze, den Knoblauch und die Zwiebeln hinzu. Brate alles kurz an. Gib dann die Pastinake dazu und brate sie für ca. 5 Minuten an. Anschließend folgen die Maronen. Vermenge alles gut miteinander. **4.** Püriere die Linsen mit einem Pürierstab zu einer Masse. Gib diese zu dem Gemüse in die Pfanne und verrühre alles mit einem Löffel. **5.** Heize den Ofen auf 180 Grad Ober- und Unterhitze vor. Für das Wickeln der Wirsingblätter breite jeweils ein Blatt aus. Gib ca. 2 EL von der Füllung in die Mitte der Blätter. Klappe die Seiten der Blätter ein und rolle die Roulade dann auf. Schnüre die die Rouladen mit einem Küchengarn gut zusammen. Fahre so mit allen anderen Wirsingblättern fort. **6.** Platziere sie in einer Auflaufform und gieße die Gemüsebrühe dazu. Lass die Rouladen für ca. 25 Minuten im Ofen backen.

Cremige Pilzsuppe

Diese cremige vegane Pilzsuppe ist eine wunderbar leichte Vorspeise oder ein angenehm sättigendes Abendessen für kalte Tage. Die getrockneten Pilze sorgen für einen besonders würzigen Geschmack, der durch den getrockneten Thymian und die Petersilie abgerundet wird. Getrocknete Pilze haben einen sehr viel würzigeren Geschmack als frische Pilze. Daher eignen sie sich sehr gut für Suppen und Eintöpfe.

Zubereitung

1. Weiche die getrockneten Pilze für ca. 30 Minuten in 150 ml heißem Wasser ein. **2.** Schneide die Champignons in kleine Stücke. **3.** Erwärme das Öl in einem Topf. **4.** Presse die Knoblauchzehe durch eine Knoblauchpresse dazu. **5.** Gib den Thymian und die klein geschnittenen und eingeweichten Pilze dazu und brate alles kurz an. **6.** Lösche das Ganze dann mit der Gemüsebrühe, dem Pilzwasser und der Kokosmilch ab und lass die Suppe für ca. 20 Minuten auf mittlerer Stufe köcheln. **7.** Püriere dann die Suppe fein. Alternativ kannst du sie auch in einem leistungsstarken Mixer mixen. Je nach Geschmack kannst du noch etwas Salz und Pfeffer hinzugeben.

Zutaten (für 2 Personen)

200 g Champignons
1 Knoblauchzehe
10 g getrocknete Pilze
1 TL getrockneter Thymian
1 EL Sesamöl
250 ml Gemüsebrühe
100ml Kokosmilch

Bratensoße

Diese Bratensoße liegt sehr viel leichter im Magen als die eine oder andere fettige Bratensoße und wird mit Sicherheit auch besser vertragen. Durch die Gewürze, die Sojasoße und das angebratene Gemüse bekommt sie einen schön würzigen Geschmack. Probiert sie unbedingt einmal aus! Als kleine Inspiration: Das Birnen-Blaukraut und der Linsen-Pilzbraten aus diesem Buch passen besonders gut zu dieser Soße.

Zubereitung

1. Schäle die Zwiebel und die Karotte und schneide das gesamte Gemüse in kleine Stücke. **2.** Gib das Öl oder die Butter in einen Topf und füge das Gemüse und die Gewürze hinzu. Brate alles für 5 Minuten darin an. **3.** Lösche das Gemüse mit der Gemüsebrühe ab und gib den Senf, das Tomatenmark, die Sojasoße und den Apfelessig dazu und lass alles für 20 Minuten bei mittlerer Stufe köcheln. **4.** Gieße dann alles durch ein Sieb und fange die Soße auf. Diese kannst du dann in einen neuen Topf geben. Gib nun das Mehl oder die Speisestärke dazu und lass die Soße nochmal für ca. 3 Minuten weiter köcheln. Rühre die Soße dabei immer wieder um. Das Gemüse kannst du als Beilage dazugeben oder auch einfach in der Soße lassen.

Zutaten (für 4 Personen)

1 Zwiebel
1 Karotte
4 Champignons
2 EL Tomatenmark
1 EL Reismehl oder 1 EL Tapioka-/Speisestärke
500 ml Gemüsebrühe
2 EL Olivenöl oder 1 EL vegane Butter
1 TL Thymian
1/2 TL Rosmarin
1 Lorbeerblatt
1 TL Senf
1 EL Apfelessig
1 EL Sojasauce

Weihnachtssalat

Der Weihnachtssalat passt gut zu einem Büffet oder eignet sich als eine sehr gute Vorspeise an den Festtagen. Die Walnüsse sorgen für etwas Crunch und der frisch gepresste Orangensaft dient hier als fruchtiger Essigersatz. Die Cranberrys und das Rotkraut sorgen für eine tolle Farbe, sodass der Salat eine leicht lila Farbe erhält. Super lecker schmeckt dazu ein Hummus oder auch gebackener Rosenkohl aus dem Ofen.

Zubereitung

1. Koche den Quinoa nach Packungsanweisung. **2.** Schneide den Rotkohl in ganz feine Streifen. Hacke die Walnüsse grob. **3.** Presse den Saft von einer Orange aus. Verrühre den Orangensaft, das Olivenöl, Salz nach Geschmack und Pfeffer in einer Schüssel. **4.** Gib alle Zutaten für den Salat in eine Schüssel, gieße das Dressing darüber und vermenge alles miteinander.

Zutaten (für 4 Personen)

150 g Quinoa
½ Rotkohl
1 Orange
100 g Walnüsse
100 g frische oder getrocknete Cranberrys
3 EL Olivenöl
Salz, Pfeffer

Maronensoße

Maronen sind unglaublich vielseitig. Durch ihren nussigen und leicht süßlichen Geschmack kann man sie sowohl in süßen, als auch in herzhaften Gerichten integrieren. Hier sind sie Teil von einer leckeren Soße, die man zu einem Nussbraten, zu Knödeln oder auch zu Kartoffeln essen kann. Eine gute Soße wertet ein Essen immer gleich auf und macht es einfach noch besser.

Zutaten (für 2-3 Personen)

400 g Maronen (vorgekocht)
1 Zwiebel
1 Knoblauchzehe
2 EL Olivenöl
250 ml Gemüsebrühe
1 EL Speisestärke
200 ml Sojasahne
Salz, Pfeffer

Zubereitung

1. Schäle die Zwiebel und die Knoblauchzehe. Hacke beides fein. Drücke den Knoblauch durch eine Knoblauchpresse. **2.** Verteile das Öl in einer Pfanne und erwärme es. Gib die Zwiebeln, die Knoblauchzehe und die Maronen in die Pfanne und brate beides kurz an. **3.** Gib in eine Schüssel Gemüsebrühe, Sojasahne und Speisestärke und verrühre alles miteinander. Gieße alles zu den Maronen dazu, verrühre es und lass die Soße für zwei Minuten mit geschlossenem Deckel ziehen. **4.** Würze die Soße nach Geschmack mit Salz und Pfeffer.

Cranberrysoße

Cranberrys sind super reich an Vitamin C und Antioxidantien. Dadurch gelten sie auch als Superfood und werden oft zur Stärkung des Immunsystems empfohlen. Sie haben einen sehr sauren Geschmack, weshalb sie pur oft etwas zu sauer sind. Man kann sie aber sehr gut mit anderen süßen Früchten kombinieren. Wenn du keine frischen Cranberrys findest, kannst du auch gefrorene verwenden.

Zutaten (für 3-4 Personen)

150 g frische oder gefrorene Cranberrys
1 Apfel
1 Orange
1 Lorbeerblatt
1 Zimtstange
1 Sternanis
1 EL Dattelzucker (optional)

Zubereitung

1. Presse den Saft von der Orange aus. **2.** Halbiere den Apfel, entferne das Gehäuse und schneide ihn in kleine Stücke. **3.** Gib alle Zutaten für die Soße in einen Topf und bringe sie zum Kochen. Lass sie bei mittlerer Hitze für ca. 20 Minuten einkochen. Rühre sie dabei immer wieder um. **4.** Entferne dann das Lorbeerblatt, die Zimtstange und den Sternanis. Serviere die Soße direkt oder fülle sie in ein Glas um. Im Kühlschrank hält sie sich für 3-4 Tage.

Tipp: Die Soße ist super fruchtig und hat durch den säuerlichen Geschmack der Cranberrys eine erfrischende Note. Sie passt sehr gut zu einem veganen Nuss- oder Linsenbraten.

Birnen-Blaukraut

Ein typisches Weihnachtsessen besteht aus einem Braten, Knödeln, Rotkraut und Soße. So darf in meinem Buch natürlich auch kein Blaukrautrezept fehlen. Das Blaukraut, das man im Supermarkt kaufen kann, ist leider eine richtige Zuckerfalle. Man kann es aber auch sehr gut selbst herstellen und so auf natürliche Süßungsmittel zurückgreifen. Die Feigen und Birnen sorgen hier für den leicht süßlichen Geschmack.

Zutaten (für 4 Personen)

1 Rotkohl
2 Birnen
2 Feigen (frisch oder getrocknet)
1 TL Fenchelsamen
TL Thymian
2 EL Olivenöl
2 EL Apfelessig
½ TL Salz

Zubereitung

1. Schneide den Strunk vom Rotkohl ab und schneide den Rotkohl dann in feine Streifen. **2.** Halbiere die Birnen, entferne den Strunk und schneide sie in Spalten. Schneide die Feigen in kleine Stücke. **3.** Erwärme das Öl in einem Topf und gib die Fenchelsamen dazu. Brate diese kurz an. Gib dann die Birnenspalten dazu und brate diese kurz mit. Füge alle restlichen Zutaten und 300 ml Wasser hinzu. Lass alles für 50 Minuten bei mittlerer Hitze köcheln und rühre das Rotkraut dabei immer mal wieder um. **4.** Je nach Belieben kannst du es dann noch mit Salz und Pfeffer abschmecken.

Cranberry-Chutney

Das Chutney vereint verschiedene Geschmacksrichtungen miteinander. So treffen hier die Geschmäcker süß, sauer, bitter, zusammenziehend, salzig und scharf aufeinander. Sie sorgen für ein wahres Geschmackserlebnis. Das Chutney kann man zu vielen möglichen herzhaften Gerichten essen. Ich persönlich finde es auch zu einem Brot und einem Stück veganem Käse sehr lecker.

Zutaten (für zwei Gläser)

100 g Cranberrys (frisch oder gefroren)
200 g Birnen
1 große Tomate
50 g Rosinen
1 Knoblauchzehe
1 Zwiebel
1 Spritzer Zitronensaft
Salz, Pfeffer

Zubereitung

1. Schäle die Zwiebel und die Knoblauchzehe. Hacke beides fein. Drücke den Knoblauch durch eine Knoblauchpresse. **2.** Halbiere die Birnen, entferne den Strunk und schneide sie in Spalten. **3.** Gib alle Zutaten mit 50 ml Wasser in einen Topf und bringe sie zum Kochen. Lass das Chutney für 25 Minuten bei mittlerer Hitze köcheln. Rühre es immer wieder um. Lass es anschließend vollständig abkühlen. **4.** Serviere das Chutney direkt oder fülle es in Gläser um. Im Kühlschrank hält es sich für ca. 1 Monat.

Gewürz-Nüsse

Einige Gerichte aus diesem Kochbuch eignen sich sehr gut als Geschenk. Dazu gehören diese Gewürz-Nüsse. Als ich sie zubereitet habe, musste ich aufpassen, dass ich sie nicht alle alleine esse, weil sie einfach zu gut sind. Man kann sie gut in mehrere Gläschen füllen, eine Schleife darumbinden und verschenken. Sie sind aber auch ein super Snack für zwischendurch oder ein tolles Topping für einen Salat.

Zubereitung

1. Heize den Backofen auf 170 Grad Ober- und Unterhitze vor. **2.** Vermenge alle Zutaten in einer Schüssel. **3.** Belege ein Backblech mit Backpapier und verteile alles darauf. **4.** Lass sie im Ofen für 12 Minuten backen. **5.** Lass die Nussmischung komplett auskühlen und verpacke sie dann nach Belieben.

Zutaten (für ein großes Glas)

200 g Cashewkerne
120 g Sonnenblumenkerne
1 TL Paprikapulver
¼ TL Chilipulver
3 EL Zitronensaft
½ TL Salz

Steinpilz-Pesto

Das Pesto schmeckt besonders gut zu Nudeln oder zu Kartoffeln. Es ist auch ein schönes selbstgemachtes Geschenk, das sich zur Weihnachtszeit verschenken lässt. In einem kleinen Gläschen mit einer Serviette und einer schönen Schleife sieht es hübsch aus. Ich verschenke an Weihnachten immer gerne auch etwas Selbstgemachtes. Das kommt von Herzen, ist gesund und alle freuen sich sehr darüber.

Zutaten (für zwei kleine Gläser)

25 g getrocknete Steinpilze
30 g Pinienkerne
1 Bund Petersilie
1 Bund Basilikum (10g)
1 Zweig Rosmarin
1 Knoblauchzehe
60 ml Olivenöl + 2 EL Olivenöl zum Übergießen am Ende
2 EL Hefeflocken
Salz

Zubereitung

1. Weiche die Steinpilze in einer Schüssel in heißem Wasser für 30 Minuten ein. Gieße das Wasser dann ab. **2.** Röste die Pinienkerne in einer Pfanne ohne Fett goldbraun an. **3.** Hacke die Petersilie und das Basilikum klein. Gib dann alle Zutaten in einen leistungsstarken Mixer und mixe sie zu einem Pesto. Alternativ kannst du sie auch mit einem Pürierstab zerkleinern. **4.** Verteile das Pesto dann auf zwei Gläser und gib zum Abschluss jeweils 1 EL Olivenöl darüber.

Tipp: Luftdicht verschlossen und im Kühlschrank gelagert ist es für 3-4 Wochen haltbar.

Linsen-Pilzbraten

Linsen enthalten eine Menge an pflanzlichen Proteinen und sind reich an Ballaststoffen. Dadurch sättigen sie sehr gut. Auch Haferflocken sind eine gute Proteinquelle.

Zubereitung

1. Koche die Linsen nach Packungsanweisung. **2.** Heize den Ofen auf 180 Grad Ober- und Unterhitze vor. **3.** Schneide die Pilze in kleine Stücke. Schäle die Knoblauchzehe und drücke sie durch eine Knoblauchpresse. Schäle die Zwiebel und hacke sie fein. **4.** Gib das Öl in eine Pfanne und brate darin die Zwiebeln, den Knoblauch und die Pilze an. **5.** Gib alle Zutaten in eine Schüssel und verknete sie miteinander. **6.** Lege eine ca. 20 cm lange Kastenform mit Backpapier aus und gib den Teig hinein. **7.** Backe ihn für 45 Minuten im Ofen.

Zutaten (für einen Braten)

150 g braune Linsen
100 g Haferflocken
1 EL Flohsamenschalen
150 ml Gemüsebrühe
200 g Champignons
1 Zwiebel
1 Knoblauchzehe
2 EL Olivenöl
Salz, Pfeffer

Tipp: Der Linsen-Pilz-Braten kann ein Teil von einem Festtagsmenü sein. Zusammen mit den Knödeln, der Pilzsoße und dem Rotkraut ist es ein perfektes Weihnachtsessen. Auch das Cranberry-Chutney aus dem Buch passt sehr gut dazu.

Festtagspasta mit Maronensoße

Dieses Gericht gehört definitiv zu der Kategorie „Comfort Food". Die Soße schmeckt phänomenal gut und ist so richtig schön cremig. Für die cremige Konsistenz sorgen vor allem die Cashewkerne. Die Hefeflocken bringen ein würzig-käsiges Aroma mit sich, das perfekt zu den Maronen passt. Ein wunderbares Essen für einen gemütlichen Abend zu Hause.

Zubereitung

1. Heize den Ofen auf 180 Grad Ober- und Unterhitze vor. **2.** Entferne die äußeren Blätter vom Rosenkohl sowie den Strunk und halbiere ihn. Verteile den Rosenkohl in einer Auflaufform und vermenge ihn mit dem Olivenöl und Salz nach Geschmack. Backe ihn für 25 Minuten im Ofen. **3.** Koche die Nudeln nach Packungsanweisung. **4.** Gib alle Zutaten für die Soße in einen leistungsstarken Mixer und mixe alles cremig. **5.** Vermische die Soße mit den Nudeln, verteile sie auf zwei Teller und toppe sie mit dem gebackenen Rosenkohl.

Zutaten (für zwei Personen)

200 g Reisnudeln

Für die Maronensoße

50 g eingeweichte Cashewkerne (für ca. 1 Stunde in Wasser)
80 g vorgekochte Maronen
Saft von ½ Zitrone
200 ml Wasser
1 EL Hefeflocken
Salz, Pfeffer

Für den Rosenkohl

10 Rosenkohl
2 EL Olivenöl
Salz

Ideen für das Festessen

Variante 1:

Vorspeise
Cremige Pilzsuppe

Hauptgang
Wirsingrouladen mit Kartoffelknödel und Pilzsoße

Dessert
Pannacotta mit Beerensoße

Variante 2:

Vorspeise
Weihnachtssalat

Hauptgang
Quiche mit Süßkartoffel-Maronen Füllung

Dessert
Dominosteine & alkoholfreier Weihnachtspunsch

Das gesunde Weihnachtskochbuch
50 natürliche und vegane Rezepte für Advent und Weihnachten

Tasty Katy (Katharina Döricht)

PAPERISH Verlag GmbH
Lena-Christ-Straße 2
82031 Grünwald

Bildnachweise
Katharina Döricht | Cover & Rezeptbilder
Rebecca Hahn | Cover & Seiten: 6, 13, 21, 135

Druck und Bindung
Buchdruck Zentrum, Deutschland
Printed in EU

Die Deutsche Nationalbibliothek verzeichnet diese Publikation in der Deutschen Nationalbibliografie; detaillierte bibliografische Daten sind im Internet über www.dnb.de abrufbar.

1. Auflage 2022
ISBN 978-3-96895-024-2

Besuchen Sie uns im Internet
www.paperish.de

klimaneutral
natureOffice.com | DE-077-339005
Druckproduktion

WICHTIGER HINWEIS

Die Anregungen in diesem Buch stellen die Meinung beziehungsweise die Erfahrungen der Autorin dar und wurden nach bestem Wissen und Gewissen erstellt. Sie bieten jedoch keinen Ersatz für einen fachmännischen medizinischen oder ernährungswissenschaftlichen Rat. Jede Leserin, jeder Leser sollte für das eigene Tun auch weiterhin selbst verantwortlich sein. Weder die Autorin noch der Verlag können für eventuelle Nachteile oder Schäden, die aus den im Buch gegebenen praktischen Hinweise resultieren, eine Haftung übernehmen.